SILKE NAUN-BATES

Mein Koffer voller Glück

Glücklich zu sein
ist einfacher als wir denken.

Mit besten Grüßen

Silke

SHEEMA

SILKE NAUN-BATES

Mein Koffer voller Glück

Bibliografische Information der Deutschen Bibliothek
Die Deutsche Bibliothek verzeichnet diese Publikation in der Deutschen Nationalbibliothek; detaillierte Daten sind im Internet über http://dnb.ddb.de abrufbar.

1. Auflage 2016
Originalausgabe

Inh.: Cornelia Linder, Hirnsbergerstr. 52, D - 83093 Antwort
Tel.: +49 (0)8053 – 7992952, Fax: +49 (0)8053 – 7992953
http://www.sheema-verlag.de

ISBN 978-3-931560-52-2

Coverabbildung: © Maik Wöll PhotoArt, Maik Wöll 2016
http://www.maik-woell-photoart.de
Fotos im Innenteil: © Maik Wöll PhotoArt und © Archiv Silke Naun-Bates
Umschlaggestaltung: Sheema Medien Verlag, Schmucker-digital
Gesamtkonzeption: Sheema Medien Verlag, Cornelia Linder
Druck und Bindung: FINIDR, s.r.o.,Český Těšín

Für dich.
Du bist wertvoll.
Du bist wichtig.

INHALT

Achte gut auf diesen Tag,
denn er ist das Leben –
das Leben allen Lebens.
In seinem kurzen Ablauf liegt alle seine
Wirklichkeit und Wahrheit des Daseins,
die Wonne des Wachsens,
die Größe der Tat,
die Herrlichkeit der Kraft.
Denn das Gestern ist nichts als ein Traum
und das Morgen nur eine Vision.

Das Heute jedoch, recht gelebt,
macht jedes Gestern
zu einem Traum voller Glück
und jedes Morgen
zu einer Vision voller Hoffnung.

Darum achte gut auf diesen Tag.

Dschalāl ad-Dīn Muhammad ar-Rūmī

BUNDESGEBET
des Katholischen Deutschen Frauenbundes,
im Jahr 1994 erarbeitet von der
Theologischen Kommission des KDFB

Neuauflage 2018

Katholischer
Deutscher
Frauenbund

Herausgeber:
Katholischer Deutscher Frauenbund e.V.
Kaesenstraße 18
50677 Köln

Telefon: 0221 86092-0
Telefax: 0221 86092-79
E-Mail: bundesverband@frauenbund.de
www.frauenbund.de

BUNDES-
GEBET

er du uns Vater und Mutter bist,
ten wir als Frauen in Familie
uf,
dschaften und Nachbarschaften,
e und Gesellschaft.

wollen wir unsere Wege gehen,
ollen wir preisen,
dein Reich komme
in Name groß werde
d und Süd,
und West.

Geist und deine Wahrheit
e uns,
wir unsere Verantwortung erkennen
die Kraft finden, die Welt zu
lten.

Unsere Schwester und Fürsprecherin
sei Maria,
die Mutter deines Sohnes.
Unter ihren Schutz stellen wir alle
Mädchen und Frauen
und unseren Katholischen Frauenbund.

Lass uns eine Gemeinschaft sein, durch
die die Kirche erneuert wird und die
Menschen deine Gegenwart erfahren.

Nimm unsere Verstorbenen auf
in dein ewiges Leben.
Segne uns und schenke uns deinen
Frieden.

Amen

VORWORT

von Dieter M. Hörner

Der erste Eindruck von Silke war folgender: „Da ist eine Frau, die weiß genau, was sie möchte!“ Denn es gelang mir nicht, sie davon abzuhalten, doch erst einmal ein Wochenendseminar zu besuchen, sich die ganze Sache anzuschauen, um dann eine Entscheidung zu treffen. Nein, sie wollte sofort in die Persönlichkeitstrainer-/-innen-Ausbildung einsteigen. „Bist du sicher? Schau es dir doch erst einmal an!“, war mein logisches Argument am Telefon. „Nein, das muss ich nicht, denn das ist genau das, was ich möchte, ich steige da direkt ein! Ich habe mir das auf der Webseite angeschaut, das passt 1000 % für mich, ich bin dabei!“, war Silkes Antwort. Nun, was sollte ich da noch sagen? „Also gut, ich buche dich ein, das geht dann bald los. Ich freue mich sehr darauf, dich bald persönlich kennenlernen zu dürfen.“ „Eine Sache habe ich noch“, sagte Silke. „Was denn?“ „Braucht es Beine, um Trainerin zu sein?“, fragte Silke mich fröhlich. „Beine?“, fragte ich ein bisschen irritiert zurück. „Ja, Beine.“ „Nein, braucht es nicht, das geht sehr gut ohne Beine“, lautete meine Antwort, ohne groß darüber nachzudenken. „Na, dann ist ja alles gut“, war die gut gelaunte Antwort von Silke und wir beendeten das Gespräch. Ich hatte schlicht und einfach keine Vorstellung, was sie wohl mit der Frage ansprechen wollte. Das nächste Telefonat stand an und ich hatte keine Zeit mehr, darüber nachzudenken.

Am ersten Ausbildungstag fuhr ich ins Ausbildungszentrum, ging ins Restaurant und erkannte Silke sofort. Ich ging hin und sagte: „Hey, du musst Silke sein, was meinst du, woran ich dich sofort erkannt habe?“ „Na, woran wohl“, grinste Silke mich charmant an. „Du bist die ohne Beine, herzlich willkommen!“ Das natürliche, fröhliche, offene Wesen von Silke durfte ich über Monate genießen. Sie hat den Menschen ihrer Ausbildungsgruppe in den ersten Minuten durch ihre sympathische, offene Art die Erlaubnis gegeben, zu schauen und zu staunen, um dann wahrzunehmen, dass alles o. k. ist, da Silke völlig entspannt und normal mit ihnen umgeht. Silke hat ein offenes Herz, geht empathisch auf die Menschen zu, ist ehrlich und klar, kann ihre Bedürfnisse ausdrücken und ist vor allem eine tolle Frau.

Ich habe mir oftmals über den Begriff „Behinderung“ Gedanken gemacht, wenn ich erleben durfte, mit welcher Natürlichkeit, Offenheit, Liebe und Präsenz Silke in den Seminaren als Coach und Trainerin Menschen in ihr Potenzial begleitet hat. Da ist nichts, was Silke behindert – im Gegenteil! Silke kann sich selbst mit Humor begegnen und über sich lachen, sie lebt und liebt, hat

Ängste, Hoffnungen, so wie wir alle. Sie folgt der Sehnsucht ihres Herzens und ist vielen Menschen ein Vorbild. Nicht, weil sie das alles ohne Beine stemmt, sondern durch ihre besondere Art, mit sich, den anderen und dem Leben „umzugehen“.

Keine Ausreden! Mutig den Herausforderungen des Lebens begegnen! Sich nicht „rausmuscheln“, sondern ausprobieren, was geht! Zu sich stehen! Besonders in den Situationen, in denen es über Grenzen geht. So habe ich Silke erlebt. Möchtest du ein Beispiel? Aber gerne! Wir bereiteten einen Scherbenlauf vor. Hier gibt es Teilnehmer, die schon beim Zerschlagen der Flaschen „die Krise“ bekommen und sehr schnell ein Argument parat haben, diesen Lauf nicht zu machen. Nicht so Silke! Und: Sie hätte ein sehr gutes Argument vorbringen können, nicht über die Scherben zu gehen. (Gehen!) Alle blickten zu ihr, als wir die Scherben vorbereiteten. Silke schaute sich die Sache in aller Ruhe an und fragte: „Geht das auch, dass ich da mit den Händen darüberlaufe?“ „Keine Ahnung, das hat noch niemand gemacht, was meinst du?“, war meine Antwort. „Nun ja, meine Hände sind ja auch meine Beine, also sollte es gehen!“, erwiderte Silke. „O. k., lass es uns so machen. Wir beginnen, du schaust dir das alles an und wenn du bereit bist, nicke mir kurz zu. Wenn ich zurücknicke, hast du grünes Licht!“, lautete mein Angebot. „Toll, so machen wir das“, sagte Silke froh gestimmt. Der Moment kam. Silke nickte mir kurz zu, ich nickte zurück und es wurde still im

Raum. Silke zog ihre Handschuhe aus, begab sich vor die Scherben, konzentrierte sich und ging ganz langsam mit dem Körper nach oben. Ein wunderschönes Bild. Sie stand vollkommen ruhig auf ihren Händen vor den Scherben, eine Art harmonischer Handstand. Dann ging sie selbstverständlich, ruhig und stilvoll über die Scherben. Wunderbar! Genauso meisterte sie einen Feuerlauf über 10 Meter! Auf den Händen! Keine Ausreden! Kein Jammern! Sondern Freude, Mut, Vertrauen, Hingabe und vor allem eine tiefe präsente Liebe, bei allem, was sie angeht und in Gang bringt. Das ist es, was ich von Silke lernen durfte.

Ich wünsche dir viel Freude mit Silkes Buch.

Höre hin beim Lesen, lass deine Seele vortreten, denn diese bekommt eine wichtige Botschaft.

Dieter M. Hörner,
Rosenheim im Juni 2016
www.positiv-factory.com

Voller Freude soll dein Herz beim Lesen singen,
während sanft die Worte in dir klingen.
Mut soll dich berühren,
in die Weiten deines Geistes führen.
Mögen die Worte dich erinnern,
an die lodernde Kraft in deinem Innern.

WAS BRAUCHT ES WIRKLICH, UM GLÜCKLICH ZU SEIN?

Der Selbsthilfemarkt boomt und Psychotherapeuten haben Hochkonjunktur. Die Komplexität der Anforderungen unserer sich immer schneller drehenden Welt steigt beständig. Die Vielfalt an Informationen, die tagtäglich auf uns einströmt, trägt zur Verunsicherung vieler Menschen bei, statt Orientierung zu bieten. Sie verlieren sich auf der Suche nach Orientierung und Stabilisierung im Leben. Und obwohl wir so viel Freiheit wie niemals zuvor in der Menschheitsgeschichte haben, fühlen wir uns oft unfrei. Die Ratgeber für ein Leben in Glück überschlagen sich mit Tipps – und doch sind viele unglücklich.

Was braucht es wirklich, um auch in den Stürmen des Lebens sagen zu können: „Ja, das Leben ist schön. Das Leben ist ein Wunder. Ich bin glücklich."

Was es aus meiner Erfahrung braucht, ist als Erstes eine Rückbesinnung auf Wesentliches: auf die Dinge, die stets in unserem Leben zu finden sind und denen viele Menschen zu wenig oder gar keine Beachtung mehr schenken; die Qualitäten, die ein glückliches Leben ermöglichen – und dies unabhängig von äußeren

Umständen und Gegebenheiten. Vollkommen gleichgültig, an welchem Punkt in deinem Leben du dich im Moment befindest: Du kannst jetzt und hier die Wahl treffen, dein Leben in Richtung Glück zu wenden. Ich sage nicht, dass dies immer leicht sein wird, doch es ist möglich. So wie viele Menschen das Unglücklichsein erlernt haben, so kann auch das Glücklichsein wieder erlernt werden. Anstatt darauf zu warten, dass andere Menschen oder Ereignisse dich glücklich machen, nimm das Zepter selbst in die Hand.

In diesem Buch lade ich dich von Herzen ein, mich beim Packen meines ganz besonderen Koffers zu begleiten. Begib dich mit mir auf eine Lese- und Erfahrungsreise, bereichert mit Beispielen und Episoden aus meinen Leben und der Möglichkeit, deinen ganz persönlichen Koffer voller Glück zu packen.

Dein Koffer voller Glück ist der Nährboden deiner Vision eines erfüllten und glücklichen Lebens. Es ist Zeit, sie auf die Erde zu bringen.

Übrigens:
Wie bereits in meinem ersten Buch „Mein Weg in die Freiheit“, in dem ich meinen ganz persönlichen Weg mit dir teile, erlaube ich mir auch in diesem Buch, dich in tiefer Achtung vor dir und deinem Leben mit einem respektvollen „Du“ anzusprechen.

EIN GANZ BESONDERER KOFFER

Da stand ich nun. Bereit, meinen Lebenstraum zu leben. Bereit für ein Leben, welches meine kühnsten Träume übertraf. Mein Koffer stand in erwartungsvoller Vorfreude bereit und wartete darauf, gepackt zu werden. Entgegen früherer Reisen packte ich dieses Mal nur die wirklich wesentlichen Dinge ein. Früher konnte ich ihn fast nicht tragen, so schwer war er. Angefüllt mit schmerzhaften Erinnerungen und fremdem Ballast. Doch heute – heute packe ich nur ein, was es mir ermöglicht, meinen Lebenstraum zu leben und mit Begeisterung in die Zukunft zu gehen. Mein Koffer trägt sich leicht, schwingt erwartungsvoll hin und her, ganz so, als ob er es nicht erwarten könnte, sich wieder auf die Reise zu begeben. Zugegeben: Er sieht ein wenig mitgenommen aus. Ein paar Schrammen dort, ein paar Dellen hier, Einkerbungen, die von tiefen, geheilten Wunden zeugen, Risse, die genäht wurden. Es gibt sicher weitaus schönere Koffer. Glänzend, edel und praktisch. Ohne Kratzer und Schrammen ... perfekte Koffer. Doch dies hier ist meiner – und er ist perfekt für mich. Ich liebe jede Schramme, jede Delle, jeden Kratzer an ihm. Mein Koffer erzählt eine Geschichte. Unsere Geschichte. Unsere gemeinsame Reise ins Glück. Er ist mein Glückskoffer und darauf ist er mächtig stolz. Er hütet unsere Schätze und jeder Mensch, der ihm begegnet, sieht und spürt sein Strahlen durch die Oberfläche. Es ist ein ganz besonderer Koffer.

Bevor ich zu packen begann, nahm ich mir Zeit, meine Glücksschätze noch einmal etwas genauer zu betrachten. Wollte ich doch wirklich nur die für mich wesentlichen Dinge für unsere weitere Reise einpacken. Ich überlegte reiflich. Was brauche ich wirklich? Was hat mir auf meinem Weg ins Glück wirklich gedient? Was waren die wesentlichen Elemente, die mich durch die schmerzhaften Zeiten, die Verluste, die Ängste und Zweifel getragen haben? Welche Schätze habe ich geborgen?

Nach reiflicher Überlegung wanderte ein altbekannter, doch oft vergessener Schatz in meinen Glückskoffer.

DANKBARKEIT

DANKBARKEIT

Dankbar zu sein ist eine Fähigkeit, die viele Menschen aus dem Blick verloren haben. Dankbarkeit wird oft erwartet, doch selten selbst gelebt. Vieles wird als selbstverständlich erachtet, obwohl nichts selbstverständlich ist. Für mich persönlich gibt es heute keine Situation, kein Ereignis, keine Erfahrung, keine Begegnung, für die ich nicht auch Dankbarkeit empfinde, deren Wert ich nicht erkenne. Mögen manche Verhaltensweisen von Menschen oder bestimmte Ereignisse im ersten Moment auch Schrecken, Ärger oder Angst hervorrufen: Stets halten sie ein Geschenk für mich bereit, wenn ich mich auf ihre Lehren einlasse.

Die Bedeutung von Dankbarkeit hat sich im Laufe der Jahre für mich gewandelt. Wie den meisten Menschen wurde mir als Kind beigebracht „Danke“ zu sagen. Es war eine Form der Höflichkeit und zeugte von gutem Benehmen. Ob ich als Kind bereits Dankbarkeit empfunden habe, kann ich nicht sagen – bewusst sicher nicht. Woran ich mich erinnere, das ist die Freude, die ich empfunden habe. Das Empfinden von Dankbarkeit entwickelte sich in mir erst nach meinem Unfall. Auf jeden Fall ist das der Zeitpunkt, an den ich mich bewusst erinnern kann.

Gott sei Dank:
Mir fehlen nur die Beine

Als ich nach den Krankenhausaufenthalten, die aufgrund der Amputation meiner Beine notwendig waren, wieder zu Hause war[1] und ich mir meine Bewegungsfreiheit zurückerobert hatte, besuchte ich hin und wieder einen Jungen in unserer Nachbarschaft, der sein Augenlicht verloren hatte. Wir spielten miteinander oder gingen gemeinsam mit seiner Mutter spazieren. Jedes Mal, wenn ich mich auf den Heimweg machte, dachte ich: „Gott sei Dank fehlen mir nur die Beine." Die Welt nicht sehen zu können, war für mich unvorstellbar und weitaus schlimmer, als das, was ich erlebt hatte.

Und da waren sie, die ersten inneren Worte, die einem Gefühl von Dankbarkeit in mir entsprangen.

---

[1] Im Alter von acht Jahren wurden Silke, nach einem Unfall, beide Beine zur Erhaltung ihres Lebens amputiert. Alle Informationen dazu finden sich in ihrem ersten Buch: „Mein Weg in die Freiheit".

Von da an begleitete mich Dankbarkeit in erster Linie im Kontext der „Behinderung“.

Wenn ich andere Rollstuhlfahrer sah, deren Körper noch vollständig, doch nicht mehr ganz funktionsfähig waren, empfand ich tiefe Dankbarkeit – Dankbarkeit darüber, dass ich mich auf meinen Händen fortbewegen konnte, dass ich bei Hindernissen einfach meinen Rollstuhl verlassen und ihn eigenhändig darüber hinwegziehen konnte sowie auch darüber, nicht auf rollstuhlgerechte, sanitäre Anlagen angewiesen zu sein. Sicher, oft ist das Wort „Sauberkeit“ für die Toiletten, die ich aufsuche, ein Fremdwort, doch es war und ist mir möglich, sie selbstständig zu nutzen. Weder Stufen vor Geschäften noch in Gebäuden ohne Aufzug nahm ich als Hindernis wahr. Ich ließ meinen Rollstuhl vor der Tür stehen und ging auf Händen weiter. Wurde auf Barrierefreiheit geachtet, habe ich das als Kind kaum wahrgenommen. In jungen Jahren war es für mich sehr wichtig, mich selbstständig fortbewegen zu können und nicht auf die Hilfe von anderen angewiesen zu sein. Heute genieße ich Barrierefreiheit oder die Unterstützung in Form des Mobilitätsservice, der an Flughäfen und Bahnhöfen angeboten wird. Auch Hotels und Veranstaltungsorte mit einem gewissen Rollstuhlkomfort mag ich sehr. Doch letztendlich sind beide Varianten für mich möglich und wenn ich spontan etwas unternehme, achte ich weniger auf solche Dinge. Gibt es doch einmal eine Situation, zum Beispiel mehrere Treppen, bei denen ich meinen Rollstuhl nicht alleine hochziehen kann, frage ich Menschen, die an mir vorbeigehen, ob sie mir mit dem Rollstuhl helfen können. Dass ich heute nach Hilfe fragen kann, darüber bin ich sehr dankbar. Auch, wenn ich es nach wie vor vorziehe, viele Dinge selbstständig zu handhaben. Also bin ich im Bereich körperlicher Mobilität aus zwei Gründen dankbar: zum einen, weil Hindernisse in dem Sinne für mich nicht existieren, und zum anderen, weil es so tolle Dinge wie Mobilitätsservice und Barrierefreiheit gibt.

In den ersten Jahren nach dem Unfall war ich häufiger Gast bei Ärzten und in Krankenhäusern. Ob es Druckstellen waren, die behandelt werden mussten, die routinemäßige Untersuchung des Urins mittels Katheder, Nierensteine, die durch eine Operation entfernt wurden, oder Zahnarztbesuche: Die Gründe waren vielfältig und selbst wenn ich die Untersuchungen und Behandlungen als schmerzhaft empfand, war ich im selben Moment dankbar, dass mir geholfen wurde. Das kennst du vielleicht auch. Wenn körperliche Schmerzen so stark werden, wird es gleichgültig, was sie mit dir anstellen. Du willst nur noch, dass dir geholfen wird, und bist dankbar für jede Art der Schmerzlinderung.

Auch meine Experimentierfreudigkeit sorgte dafür, dass mich die medizinischen Fachkräfte nicht vergaßen – beispielsweise als ich mir beim Rodeln auf einer Plastiktüte die Zunge durchbiss oder als ich beim Reiten vom Pferd fiel. Obwohl ich oft Angst hatte, empfand ich stets Dankbarkeit für die rasche und unproblematische Hilfe.

Was das Aussehen meines Vorderbeckens betraf, lautete ein Standardsatz, den ich zu Ärzten sagte, wenn sie mich das erste Mal zu Gesicht bekamen und mit entsetztem Gesichtsausdruck fragten: „Wer hat Sie denn so zusammengeflickt?“: „Das sieht vielleicht nicht sonderlich schön aus, doch ich bin sehr dankbar, dass mir durch das Zusammenflicken das Leben geschenkt worden ist.“ Danach waren sie meist erst einmal still.

DANKBARKEIT

Dankbarkeit wandelt Asche zu Gold

Trotz aller familiärer Wirrungen empfinde ich stets eine tiefe Dankbarkeit gegenüber meiner Familie. Aus meiner Sicht habe ich eine freie und glückliche Kindheit erlebt. Meine Familie hat dazu beigetragen, dass mein Leben nach dem Unfall für mich weiterging wie davor.

Ob es meine Großeltern, die Familie meines Cousins väterlicherseits, meine Schwester oder ganz besonders meine Eltern waren: Ein jeder hat mich auf seine Art und Weise unterstützt und sich niemals anmerken lassen, wie sehr die Situation ihn gefordert hat. Stets haben alle dafür gesorgt, dass für mich kein Unterschied zu der Zeit vor dem Unfall bemerkbar war. Sicher trug auch die rasche Wiedererlangung meiner Selbstständigkeit dazu bei, doch hätten sie alle auch ganz anders handeln können. Sie hätten sich zu einer Helikopterfamilie entwickeln können – zu einer Familie, die stets wachsam und besorgt um mich herumkreist, mich behütet und beschützt, eine überfürsorgliche Familie. Das wäre meiner Entwicklung sicher nicht zuträglich gewesen. Mir all die Freiheit und das Vertrauen zu schenken, war sicher oft nicht einfach und manchmal frage ich mich heute noch, wie sie das gemeistert haben.

So empfinde ich Dankbarkeit gegenüber meiner Mutter, auch wenn sie ihr Heil im Alkohol suchte und oftmals ihren Schmerz und ihre Verzweiflung über uns entlud. In manchen dieser dunklen Momente mit meiner Mutter verlor ich den Blick für all das Gute, welches sie auch zu geben hatte, doch niemals das Bewusstsein über die schönen, gemeinsamen Augenblicke und Erlebnisse in meiner Kindheit sowie darüber, wie sehr sie mich in der Zeit nach dem Unfall umsorgt, behütet und gefördert hat.

Oder mein Vater. Stets war er für mich und meine Schwester da. Niemals kam auch nur ein Wort des Vorwurfs über seine Lippen, auch wenn unser Verhalten dies durchaus gerechtfertigt hätte. Selbst in den turbulentesten Zeiten hatte er ein Ohr für uns und blieb geduldig. Ich hätte mir keinen besseren Vater wünschen können.

Und meine Kinder, Sammy und Pascal. Wie soll ich diese unendliche Dankbarkeit in mir beschreiben? Ist das überhaupt in Worte zu fassen? Es ist nicht so, dass ich jeden Augenblick mit ihnen diese Dankbarkeit empfand. In manchen Momenten hätte ich sie auch gerne wieder zurückgeschickt und auch sie hätten mich gerne eingetauscht. Doch wenn ich heute zurückblicke, ist einfach nur Dankbarkeit in mir – und Liebe. Liebe, die so grenzenlos, weit und tief ist, dass es fast schmerzt, sie zu spüren. Gebe ich mich vollends hinein in diese Dankbarkeit und Liebe, erwacht Demut. Wer bin ich, dieses Mysterium mit dem Verstand erfassen zu wollen? Zu versuchen, ihm einen Namen zu geben? Empfinde, sei still und stirb. Sterben in dem Sinne, dass alle persönlichen Belange schwinden – und nur Liebe bleibt. Unbestechlich und frei.

Auch gegenüber all meinen Partnern, die mich über gewisse Zeitspannen begleitet haben, empfinde ich große Dankbarkeit. Da ist zum Beispiel die wild-verrückte Ehe mit Sammys Vater, die mir als Geschenk Sammy überreichte, oder Pascals Vater, der bis heute ein treuer und warmherziger Freund in meinem Leben ist, und Joe, mein jetziger Ehemann. Die Freiheit, die ich in dieser Beziehung erleben darf, dieses Gefühl von „Angekommen" in seinen Armen, die Offenheit und immer wieder auch die heißen Zeiten, die uns tiefer erkennen lassen. Ich liebe und ich bin dankbar, dass ich fähig bin, so zu lieben und dieser Liebe Ausdruck zu verleihen.

Selbst in der für mich schmerzhaftesten Zeit, in der ich keinen Sinn mehr sah und überlegte, ob ich weiterleben will oder nicht, war Dankbarkeit im Raum. Doch in diesen Zeiten glich dies eher einem Wissen um Dankbarkeit. Ich wusste, dass ich für viele Dinge dankbar sein kann – doch ich empfand keine Dankbarkeit. Außer Leere spürte ich in dieser Zeit nichts. Es ist wichtig, diesen Unterschied zu bemerken. Erst Dankbarkeit zu empfinden, bewirkt wirklich einen Unterschied.

Der Tod meiner Schwester und weiterer mir sehr nahestehender Menschen in den letzten Jahren hat meiner Dankbarkeit eine Tiefe verliehen, für die ich sehr dankbar bin. Vor diesen Begegnungen mit dem Tod war Dankarbeit in mir vorhanden, doch viele Dinge hielt ich für selbstverständlich. Diese Begegnungen, das Erleben der Verluste, der Hilflosigkeit und Verzweiflung, das Wieder-Auftauchen aus einem Meer an Schmerz, Angst, Wut und Trauer zeigten mir sehr deutlich, dass nichts selbstverständlich ist. Wie oft bemerken wir erst, wenn wir etwas verlieren, welch ein Geschenk und Schatz dies doch war und wie dankbar wir hätten sein können.

Nachdem mein Neffe 2009 mit seinem Quad tödlich verunglückte, war ich erfüllt von Trauer – und ich war dankbar. Dankbar für die gemeinsam erlebten Momente. Zwar verstand ich nicht, wieso auch mein Neffe so jung sterben musste, hatte er doch sein Leben noch vor sich. Er hatte so viele Träume, war trotz des frühen Verlustes seiner Mutter ein junger Mann, der vor Lebenslust und Freude nur so strahlte – gesegnet mit einer Offenheit und Integrität, die ihm die Herzen zufliegen ließ. Er war immer offen für ein Abenteuer, immer lachend und humorvoll, stets bereit, für andere einzustehen. Doch dass die Frage nach dem „Warum und Wieso“ sich mir nicht erschließen würde, wusste ich mittlerweile aus Erfahrung. Auf diese Ereignisse gibt es für mich keine, meinen Verstand befriedigende Antwort. Was es mir ermöglicht, mit dem Verlust umzugehen, ohne in Verzweiflung, Wut und Ohnmacht stecken zu bleiben, ist die Erkenntnis, dass jegliches Hadern, das Suchen nach Verantwortlichen, die Überlegungen, die mit dem Wörtchen „wenn“ beginnen, übertriebene Aktivität, die Flucht in Arbeit und Wut, nur vom Schmerz ablenken, ihn überlagern, doch niemals heilen werden. Wenn die erste Phase des Nicht-wahrhaben-Wollens abgelöst wird durch die schlagartige Erkenntnis dessen, was nicht mehr änderbar ist, dann trifft uns der Schmerz mit voller Wucht mitten ins Herz – und das tut so verdammt weh. Da gibt es nichts schönzureden. Es ist ein Schmerz, der uns zu zerreißen droht.

Es ist ein natürlicher Schmerz. Ein Schmerz, der sich nur dann zeigt, wenn wir etwas für uns sehr Wertvolles verlieren. Dass mir der Verlust eines Menschen so tiefen Schmerz zufügt, ist für mich ein Grund, dankbar zu sein. Diese Art Schmerz kann ich nur empfinden, wenn ich berührbar bin, wenn mir dieser Mensch sehr viel bedeutet, wenn eine enge Verbundenheit besteht, die aus meiner Erfahrung auch nicht verschwindet. Sie drückt sich nur anders aus.

Noch heute, nach über zwanzig Jahren, fühle ich mich meiner Schwester genauso verbunden wie damals. Eigentlich noch stärker. Sie begleitet mich oft. Wenn ein Lied gespielt wird, welches eine gemeinsame Erinnerung hervorruft, fließen auch heute noch

Tränen. Es sind Tränen der Verbundenheit und der Dankbarkeit. Oft sehe ich meine Schwester, ihren Sohn, meine Freundinnen, meine Mutter und meine Großeltern gemeinsam als Bild vor mir. Sehe, wie sie mich begleiten, wie sie über mich schmunzeln oder mir beistehen. Oft lachen sie laut. All das ersetzt natürlich nicht den realen Kontakt, doch zeigt es mir, dass Verbundenheit nicht mit dem Tod endet. Und dafür bin ich sehr dankbar.

Bekommen wir die Möglichkeit geschenkt, einen Menschen in seinen letzten Tagen und Stunden begleiten zu dürfen, ist dies ein Geschenk – sofern wir in der Lage sind, es als solches zu erkennen.

Auf diese Nähe mit anderen Menschen konnte ich mich erst wieder einlassen, als ich erkannte, dass ein Leben im Schutze einer hohen Mauer keine Erfüllung birgt. Durch die zeitnahen Verluste geliebter Menschen hatte ich eine hohe Mauer um mein Innerstes erbaut, die mich vor weiteren Verlusten schützen sollte. Auf diese Weise, so dachte ich zumindest, würden zukünftige Verluste, die unweigerlich kommen würden, niemals mehr diesen Schmerz auslösen – und sie erfüllte tatsächlich eine Zeit lang ihren Zweck. Ich ließ niemanden wirklich nah an mich heran und so berührte mich auch nicht mehr viel. Erst als ein erneuter Verlust die Mauer zum Fallen brachte, hatte ich die Wahl, nun vollkommen zu versteinern oder mich endlich auf diesen Schmerz, die Wut und die Trauer einzulassen. Ich ließ mich ein, gab meinen Kampf auf und erkannte, wie wertvoll und kostbar das Leben ist. Mir selbst wieder nah zu sein sowie die Nähe zu anderen Menschen zu erlauben, bedurfte einer gehörigen Portion Mut meinerseits. Im Kapitel „Mut“ beleuchte ich dieses Thema näher.

Heute bin ich zutiefst dankbar für die Menschen, die mich auf meinen Wegen begleiten. Menschen, die mir ihr Vertrauen schenken, mich unterstützen, mir ihr Ohr leihen oder mich sanft in den Hintern treten. Jeder, auf seine einzigartige Art und Weise, ist ein Geschenk für mich: ob wir gemeinsam lachen oder weinen, uns umarmen oder zweifeln, ob wir leise oder laut sind, uns zurückziehen oder feiern. Niemals sehe ich ihre Anwesenheit in meinem Leben als selbstverständlich an.

DANKBARKEIT

Die Macht von Vergleichen

Ein sonniger Tag in der wunderschönen Stadt Heidelberg. Ich saß auf der Mauer eines Brunnens, meinen Rollstuhl seitlich von mir positioniert. Vor mir am Boden ein Plakat mit der Frage: „Wenn du glaubst, das Leben ist ungerecht, womit vergleichst du es dann?" Davor eine kleine Schachtel, die Steinherzen enthielt. Mein Mann Joe stellte sich etwas abseits mit einer Kamera in Position. Nun saß ich dort am Brunnenrand und ließ mich anschauen. Mich so bewusst den Blicken fremder Menschen auszusetzen, ohne mich in irgendeiner Form abzulenken, war ungewohnt, sodass ich zu Beginn innerlich angespannt war. Doch nach den ersten, endlos scheinenden Minuten entspannte ich mich immer mehr. Ich begann die vorbeigehenden, oder besser vorbeihetzenden Menschen anzuschauen, ohne dass ein Wort über meine Lippen kam. Ich sah, wie Blicke auf das Plakat fielen, und bemerkte die Irritation. Nach den ersten fünfzehn Minuten, die ich ziemlich verloren dort herumsaß, stoppten die ersten Menschen, um mit mir zu sprechen oder um mir eine Umarmung zu schenken. Einige bedankten sich und legten Geld in die Schachtel mit den Steinherzen. Insbesondere das Verhalten zweier Männer berührte mich sehr. Ein Mann ging, in Gedanken versunken und ohne mich wahrzunehmen, auf den Brunnen zu. An der einen

Hand hielt er ein kleines Mädchen, mit der anderen Hand schob er einen Kinderwagen, in dem ein Baby lag. Kurz vor dem Brunnen hob er seinen Blick. Traurige Augen schauten mich an. Sein Blick wanderte nach unten. Er las den Text auf dem Plakat, sah mich wieder an und sagte: „Sie haben so was von recht! Mir geht es doch wirklich gut. Ich habe zwei gesunde, muntere Kinder und eine Frau, die ich liebe. Wo schaue ich nur hin?“ Er kramte in seiner Tasche, legte ein paar Münzen in die Schachtel und ging nachdenklich weiter.

Dem zweiten Mann waren wir bereits im Vorfeld begegnet. Auf unserem Weg zum Brunnen saß er auf einer Decke am Boden, vor sich einen Plastikbecher und ein Schild mit der Bitte um Geld. Als ich am Brunnen saß, ging er an mir vorbei, hielt kurz darauf an, drehte um und kam zu mir zurück. Ohne ein Wort bückte er sich und leerte den gesamten Inhalt seines Plastikbechers in meine Schachtel mit den Herzsteinen. Ich war so verblüfft, dass mir im ersten Moment kein Wort über die Lippen kommen wollte. Erst als er davonging, rief ich ihm hinterher, dass er sein Geld bitte wieder mitnehmen möchte, doch er schüttelte nur den Kopf und ging lächelnd weiter.

Es war eine berührende Aktion. Für mich und die Menschen, die sich auf diese Begegnung mit mir einließen. Es war ein wenig so, als wenn die Zeit stillstünde. Aus „Bettlern“ wurden

„Könige“, hastende Menschen nahmen sich Zeit, Unzufriedenheit wich Neugier, Offenheit und Dankbarkeit.

Falls du dich fragst, was wir mit dem, unbeabsichtigt, gesammelten Geld gemacht haben: Das haben wir gespendet.

Vielleicht hast du es bereits entdeckt? Wenn nicht verrate ich dir jetzt ein Geheimnis. Der wesentliche Unterschied zwischen einem tendenziell unglücklichen und einem glücklichen Leben ist unser Fokus. Wohin schaust du in deinem Leben? Womit vergleichst du dein Leben? Die Beispiele in den vorhergehenden Abschnitten hätte ich auch ganz anders beschreiben können. Wenn ich die Position des „undankbaren Opfers“ einnehme, würdest du jetzt eine Leidensgeschichte lesen. Ich hätte dir erzählt, wie ungerecht und böse meine Mutter sich verhalten hat, wie schwer ich es mit meinen Kindern hatte, noch dazu als Frau ohne Beine und oft alleinerziehend, wie schmerzhaft die vielen Untersuchungen und Verbandswechsel nach dem Unfall waren, wie gemein die Krankenschwestern zu mir waren, weil sie wollten, dass ich wieder zu essen beginne, wie sehr ich in Beziehungen körperlich und seelisch verletzt wurde und wie undankbar die Menschen in Heidelberg waren … – kurzum: Wie schwer ich es doch hatte und wie ungerecht das Leben ist.

Eines der wirksamsten Mittel, sich unglücklich zu fühlen und dies zu steigern, ist, dich mit anderen zu vergleichen, die scheinbar all das haben, was du dir so sehr wünschst, und deinen Fokus darauf zu richten, was dir scheinbar fehlt und nicht passt. Solange du daran festhältst, bist du im Mangel verhaftet und wirst garantiert unglücklich. Versprochen.

Es mag sein, dass das Leben dir ein paar schlechte Karten zugeteilt hat. Da bist du nicht der einzige Mensch unter den ungefähr acht Milliarden auf diesem Planeten. Und sicher, es gibt Dinge, die sind weder schön noch nett. Es gibt Krankheiten, Unfälle, Gewalt, Krieg, Missbrauch jeglicher Art, Trennungen, Lüge und Betrug … Sind wir in der Lage, dies zu verhindern? Alles wahrscheinlich nicht und solange Unbewusstheit, Macht, Gier und Angst vorherrschen, wird es sich schwierig gestalten, ganz abgesehen davon, dass gewisse Dinge nicht in unserer Hand liegen. Ich habe keine Erklärung dafür, wieso es mir vergönnt ist, in einem Land wie Deutschland geboren worden zu sein, während andere Frauen in Krisen- und Kriegsgebieten leben, in denen sie unter schwersten Bedingungen ihre Kinder begleiten und keine Chance haben, ihre Talente und Fähigkeiten so zu leben, wie ich das hier in diesem Land kann oder könnte, wenn ich wollte. Ich habe keine Erklärung dafür, wieso gewisse Dinge geschehen oder wir sie geschehen lassen. Doch was ich ganz sicher weiß, ist, dass es in deiner und meiner Hand liegt, wie wir mit den

Ereignissen umgehen: Aus welchem Blickwinkel wir unser Leben mit seinen Menschen und Ereignissen betrachten, das liegt zu hundert Prozent in unserer Hand.

Hätte ich meinen Unfall verhindern können? Oder meine Eltern, Großeltern, meine Schwester? So eine Frage ist, aus meiner Sicht, vermessen. Es gibt Dinge zwischen Himmel und Erde, die unser Verstand nicht greifen kann. Hätte ich mir mein Leben anders gewünscht? Auch diese Frage macht wenig Sinn, da ich ja keine Ahnung habe, wie es dann verlaufen wäre. Was ich sagen kann, ist, dass ich mir kein einziges Mal gewünscht habe, wieder Beine zu haben. Einer der Gründe, wieso das Tragen von Prothesen keine Rolle in meinem Leben spielt.

Letztens sagte jemand zu mir: „Silke, deine Lebensgeschichte hätte mich noch mehr berührt, wenn du mehr von deinen Tiefs erzählt hättest.“ Das hat mich nachdenklich gestimmt. Habe ich das nicht? Doch, habe ich. Nur habe ich den meisten Tiefs nicht viele Worte gewidmet, so wie ich ihnen auch in meinem Leben verhältnismäßig wenig Zeit geschenkt habe. Definitiv war es so, dass das Leben mich forderte. Es ging weiter und ich hatte einfach nicht die Zeit, mich lange zu verlieren. Vielleicht ist das ein wesentlicher Unterschied zwischen Menschen unseres Kulturkreises zu Menschen, die in Ländern leben, in denen jeder Tag einem Überlebenskampf gleicht. Diese Menschen haben

keine Zeit, Extremnabelschau zu betreiben. Leben geht weiter. Es fordert. In unserer Gesellschaft haben wir den Luxus uns über Monate, manchmal sogar Jahre zurückzuziehen und emotionale Nabelschau zu betreiben, doch oft wird nicht einmal das als wertvoll erkannt und mit Dankbarkeit wertgeschätzt. Nein, stattdessen wird die Unzufriedenheit darüber geäußert, dass noch immer nicht dafür gesorgt wurde, dass es einem besser geht und dass jetzt auch noch das Geld knapp wird.
Womit wir beim Thema „Verantwortung“ wären. Diesem wichtigen Thema habe ich ein Extrakapitel mit dem Titel „Die Königsdisziplin“ gewidmet. Du findest es auf Seite 103.

Bei allem Verständnis für die Unwägbarkeiten des Lebens – Jammern und Hadern haben noch niemals zur Veränderung geführt. Bade ein wenig in Selbstmitleid, wenn du magst, doch verharre dort nicht zu lange. Denke daran: Das Maß deines Leides bestimmst du selbst und niemand anderes sonst.

DANKBARKEIT

Dankbarkeit – die Schattenseiten

Dankbarkeit hat auch Schattenseiten. Wird Dankbarkeit eingefordert, entwickelt sie sich zu einer Handelsware – zu einem Geschäft, in dem Dankbarkeit einem Schuldschein gleicht, der niemals beglichen werden kann. Denn gleichgültig, was du tust, um der Forderung gerecht zu werden, sie wird erst erfüllt sein, wenn der Mensch, der sie einfordert, Dankbarkeit in sich entdeckt.

Hältst du dich zurück und entfaltest dich nicht mehr frei, weil du meinst, so deine Dankbarkeit auszudrücken, ist es entweder eine Ausrede, dich nicht bewegen zu müssen, oder du verwechselst Dankbarkeit mit Schuld.

Von beiden Varianten kann ich ein Lied singen. „Meine Mutter hat so viel für mich getan. Da kann ich doch jetzt nicht sagen, was ich wirklich denke oder mich zurückziehen.“ „Ich bin so dankbar, dass ich diesen Job bekommen habe, da werde ich doch jetzt nicht einfach kündigen oder mehr Gehalt fordern.“ „Was ich hier gelernt habe, ist unbezahlbar. Ich werde dir auf ewig dankbar sein und dir meine Dankbarkeit zeigen, indem ich dich unterstütze und kostenlos für dich arbeite und wirke.“ Das zu lesen, tut schon fast ein wenig weh. Doch solche Gedanken waren für mich selbstverständlich. Wenn mich jemand fragte, wieso ich mich „unter Wert verkaufe, das mit mir machen lasse oder für so wenig Geld arbeitete“, antwortete ich: „Ja, ich weiß, das ist nicht der Hit, doch ich bin so dankbar ...“ Eine bessere Selbstverarschung gibt es fast nicht. Dagegen konnte kaum jemand etwas sagen. Diese Art der Dankbarkeit ist ein genialer Grund, nichts verändern zu müssen. Ich bin damit auch niemandem auf die Nerven gegangen, da ich ja nicht jammerte. Ich war einfach zu dankbar, um mich weiterzuentwickeln und mein Potenzial zu entfalten. Wenn du mich jetzt sehen könntest – ich muss gerade so was von grinsen. Das war ein wirklich genialer Schachzug, mit dem ich mich selbst schachmatt setzte.

In Beziehungen mit Männern ist mir so ein Gedanke nicht gekommen. Dankbarkeit wäre hier niemals ein Grund, mich zurückzuhalten oder mich nicht frei zu entfalten.

Dankbarkeit fordert niemals. Sie gibt freien Herzens und sie nimmt freien Herzens. Ohne Erwartung, ohne den Eindruck oder das Gefühl, etwas zurückgeben zu müssen. Werden Erwartung und Forderung mit Dankbarkeit gekoppelt, so ist Dankbarkeit ein weit entfernter, fremder Ort, dessen Entdeckung sich uns verschließt.

Jeden Augenblick unseres Lebens haben wir die Wahl, ob wir aus Augen der Dankbarkeit in die Welt blicken oder ob Undankbarkeit unseren Blick trübt. Es hat mich oft überrascht, dass Menschen, die in wesentlich „ärmeren“ Ländern dieser Welt leben, oft dankbarer sind als wir, die wir doch in den „reichen“ Ländern leben. Wie ist es möglich, dass sich Menschen so arm fühlen, obwohl sie wesentlich reicher sind als der Großteil der Menschen auf diesem Planeten? Es sind unsere oftmals unbewussten Vergleiche und Bewertungen, die für Armut in uns sorgen. Viele Menschen haben es nicht anders gelernt. Von Kindheit an wird den meisten Menschen beigebracht, auf Fehler zu schauen, auf das was „falsch“ ist oder fehlt. Neidisch wird ein Blick auf die Menschen geworfen, denen es augenscheinlich besser geht, und in Gesprächen mit anderen finden unsere Mangelsichtweisen ihre Bestätigung. Ohne weiter zu hinterfragen, wird der Fokus auf das, was nicht passt, beibehalten und oftmals noch verstärkt. Manche Menschen brauchen einen gewissen Grad an Unzufriedenheit in ihrem Leben, um in Bewegung zu kommen und für Veränderung zu sorgen. Das ist vollkommen in Ordnung. Dann sei von mir aus unzufrieden und sei dankbar, dass du unzufrieden bist – öffnet dir deine Unzufriedenheit doch eine Tür für neue Möglichkeiten.

Weißt du, es ist möglich, Ärger zu empfinden UND dankbar zu sein, zu weinen UND dankbar zu sein, Schmerzen zu empfinden

UND dankbar zu sein, Wut auszudrücken UND dankbar zu sein. Ich wünsche dir sehr, dass du das UND in dir entdeckst. Jeder Verlust, jede Verletzung, jede Kränkung, jede unangenehme Erfahrung birgt die Entdeckung tiefer Dankbarkeit in sich, wenn wir bereit sind, unseren Blick zu heben und zu erkennen, welche Schätze darin verborgen liegen.

Dankbarkeit muss nicht durch schwere, dunkle Zeiten in uns wachgerufen werden. Es ist ein Vorteil unserer aufgeklärten Gesellschaft, dass mittels wissenschaftlicher Studien nachgewiesen wurde, dass Dankbarkeit auch als Vorbeugung einen messbaren Nutzen hat. Wenn wir bereit sind, uns ein paar Minuten am Tag zu nehmen, uns bewusst zu machen, wofür wir dankbar sein können, unterstützt dies unser gesamtes Wohlbefinden. Kontinuität ist hier das Schlüsselwort. Ganz besonders dann, wenn wir den Eindruck haben, für nichts dankbar sein zu können, da sich unser Leben unvollkommen, chaotisch oder schmerzvoll zeigt, ist es sinnvoll sich aufzuraffen und sich zumindest bewusst zu machen, wofür wir dankbar sein könnten, wenn wir es jetzt wollten. Durch das Dranbleiben, auch wenn es erst einmal „nur" im Kopf stattfindet, wird sich Dankbarkeit wieder als Emotion in dir zeigen. Oft hören wir in solchen Situationen auf, Dinge, die uns gut tun, fortzuführen. Es ist ein wenig so, als wenn wir uns dann selbst verbieten, auch nur ansatzweise so etwas wie Glücksgefühle erleben zu dürfen. Eine Art Selbstbestrafung? Oder der Eindruck, dass es jetzt wichtigere Dinge zu erledigen gibt? Es gibt nichts Wichtigeres, als dafür zu sorgen, dass du dich wohlfühlst. Das ist weder egoistisch noch unangemessen. Niemandem ist damit gedient, wenn du mit dem Leben haderst, dich ärgerst, dir Sorgen machst oder ungehalten bist. Wenn du dich mit dir und deinem Leben wohlfühlst, hast du wesentlich mehr Energie. Diese kannst du dort einsetzen, wo es dir wichtig erscheint.

Dir bewusst zu machen, dass du dankbar sein kannst, ist der Anfang. Durch tägliche Bewusstwerdung entfaltet und verwandelt sich die Kraft der Dankbarkeit in eine spürbare Kraft, die in dir liegt. Sobald du sie als präsentes Gefühl in dir trägst und aus Augen der Dankbarkeit die Welt betrachtest, wird die Welt zu einem Wunder. Ganz gleich, was da draußen geschieht. Vom Punkt der Dankbarkeit aus entdeckst du die Schönheit und Magie des Lebens.

Dankbarkeit öffnet Türen, berührt uns selbst und andere. Dankbarkeit ist meine Liebeserklärung an das Leben.

DANKBARKEIT

Fragen, die mich unterstützen

- Wofür bin ich dankbar?
- Für was genau?
- Wofür könnte ich dankbar sein, wenn ich es wollte?
- Wofür könnte ich „Danke“ sagen oder mich bedanken?
- Ist es mir möglich, frei zu geben? Ohne die Erwartung, etwas zurückzubekommen?
- Fällt es mir leicht oder schwer anzunehmen? Wieso genau fällt es mir leicht bzw. schwer?
- Was bedeutet Dankbarkeit für mich?
- Wo hält Dankbarkeit mich zurück?

Raum für eigene Gedanken ...

DANKBARKEIT

Dankbarkeit fand ihren Platz in meinem Glückskoffer. Als ich sie hineinlegte, hüpfte mein Glückskoffer vor Freude auf und ab. Er war nur schwer wieder zu beruhigen, so sehr freute er sich über die Dankbarkeit.

Womit wir auch schon beim zweiten Schatz auf meiner Packliste gelandet sind. Zur Dankbarkeit gesellte sich fröhlich trällernd die Freude.

FREUDE

Freude wird hervorgerufen durch andere Menschen oder äußere Ereignisse – und sie kann aus uns selbst geboren werden. Äußere Ereignisse rufen nur dann Freude in uns hervor, wenn wir die Ereignisse als positiv und wohltuend interpretieren. Freude durch andere Menschen und äußere Ereignisse empfinden wir dann, wenn wir uns darauf einlassen. Wir können die schönsten Worte und Geschenke überreicht bekommen oder die Schönheit der Natur vor unserer Haustür finden, es können sich uns fantastische Chancen und Möglichkeiten eröffnen: Wir werden sie nicht erkennen, wenn wir uns davor verschließen. Es sind niemals die Ereignisse, die Freude in uns hervorrufen. Es sind stets unsere Interpretationen, die darüber entscheiden, ob wir etwas als wünschenswert und wohltuend beurteilen oder nicht, ob wir die Schönheit und die Möglichkeiten des Augenblicks erkennen oder mit dem Dargereichten hadern und uns frustriert und ängstlich verschließen.

Freude und Dankbarkeit: Das eine birgt das andere. Bisher ist es mir noch nicht gelungen, dankbar und unfreundlich sowie freudvoll und undankbar zu sein. Das geht nur, wenn die Freude zweckentfremdet oder missbraucht wird, wenn Freude auf Kosten anderer Menschen stattfindet. Wenn Freude von Geringschätzung veranlasst ist und sich sogar in Grausamkeit wandelt. Doch von dieser Art Freude habe ich nichts in meinen Koffer gepackt.

Mein Glückskoffer beinhaltet ausschließlich Dinge, die wirklich zum Glücklichsein beitragen. Wirklich glückliche Menschen fügen anderen Menschen keinen Schaden zu – gleichgültig, welcher Art. Glückliche Menschen teilen ihr Glück. Es gibt nichts Schöneres und Freudvolleres für sie, als andere Menschen glücklich zu sehen und zu erleben.

FREUDE ☺

Freudefunken im Alltag

Morgens, wenn ich aufstehe, ist mein erster Gang der zur Haustür, ganz gleich, ob Sommer oder Winter. Ich öffne sie, schaue hinaus und lausche den Geräuschen und Tönen des kleinen Wäldchens vor dem Haus, begrüße den Tag, indem ich seinen Anfängen lausche und mich an den Vögeln, den Bäumen, den Tönen und Farben erfreue.

Danach gibt`s Futter für unsere Hündin Sita. Es ist eine wahre Freude, ihre Freude zu erleben, wenn sie den Futternapf entdeckt. Jeden Morgen freut sie sich, als ob es das erste Mal wäre, dass sie ihr Futter bekommt. Während Sita ihr Futter genussvoll verschlingt, trinke ich meinen Kaffee und schicke friedlich-freudige Gedanken in die Welt. Es ist ein kleines Ritual, welches ich sehr genieße.

Unabhängig davon, wie ich den Tag gestalte, finde ich zu 99 Prozent etwas, worüber ich mich freuen kann. Selten gibt es noch Tage, an denen ich nicht mindestens ein Mal lache – da muss ich schon mit 40 Grad Fieber darniederliegen. Doch selbst dann – ein Lächeln und ein „Danke" gehen immer.

In einer Studie habe ich gelesen, dass Kinder bis zu 400-mal am Tag lachen, Erwachsene im Schnitt nur noch 14-mal. Ich kenne einige, für die Lachen eine Fremdsprache geworden ist.

Wenn ich einkaufen gehe, freue ich mich über die Vielfalt an Angeboten, die mir zur Verfügung steht, über die Menschen, die sich Tag für Tag engagieren, alles an seinen Platz zu sortieren, die Fläche sauber zu halten, zu bedienen, zu kassieren und die Launen ihrer Kunden auszuhalten.

Ich freue mich über die Nachrichten und Bilder, die mein Vater mir schickt. Besonders die Bilder, auf denen Paul (ein Golden Retriever, den mein Vater und seine Lebensgefährtin oft zu Gast haben) Fernsehen schaut oder im Friseursalon seines Frauchens „arbeitet“. Ich genieße unsere Telefongespräche, die sich freudig und mit Lachen gestalten.

Sehr gerne sitze ich auch in einem Café, vorzugsweise draußen, wenn das Wetter mitspielt, und erfreue mich am Leben um mich herum. All die verschiedenen Menschen, die sich auf ihre Art und Weise ausdrücken. Kinder, die sich über ihr Eis freuen. Menschen, die miteinander im Gespräch versunken sind. Ich mag das bunte Treiben sehr. Ich freue mich über schmackhaftes Essen, den Service in Hotels und auf Reisen. Wenn ich Menschen ein Lächeln auf ihr Gesicht zaubern kann, erfüllt mich das mit Freude.

Ich freue mich über die Eichhörnchen, die in unserem Garten den Baum hoch- und herunterklettern, und über Sita, die versucht, sie zu erwischen, über unsere Wohlfühlwohnung, über unverhoffte Blumensträuße, die mein Mann mir bringt, über kurze WhatsApp-Nachrichten meiner Kinder. Besonders die meines Sohnes bringen mich immer wieder zum Schmunzeln.
So schreibt Pascal oft:
„Wie geht`s?“
„Mir geht es sehr gut. Und dir? Alles gut mit und bei dir? Gestern waren wir …. Was hast du gemacht?“
„Ja. Schön. Nichts.“
Und ich sitze da und raufe mir schmunzelnd die Haare.
Falls du einen Sohn hast, kennst du diese kurzen, prägnanten Aussagen vielleicht auch. Ich weiß nicht, wie oft wir schon eine Familiengruppe bei WhatsApp erstellt haben. Nach kurzer Zeit taucht in der Gruppe regelmäßig der Satz auf: „Pascal hat die Gruppe verlassen.“ Beim Telefonieren und im persönlichen Kontakt zeigt Pascal sich redefreudiger. Mit meiner Tochter ist der virtuelle Austausch länger und ich lache oft so sehr, dass mir die Tränen übers Gesicht laufen. Am lustigsten ist es, wenn wir alle drei unterwegs sind. Als wir zum Beispiel einige Tage in London verbracht und uns verirrt haben ... Im Dunkeln sind wir wirklich stundenlang im Kreis gelaufen, bis wir endlich diese U-Bahn-Station gefunden haben. Und wir hatten eine Menge Spaß und Freude dabei!

Es gab eine Zeit in meinem Leben, da hatte ich die Freude mit und an meinen Kindern eine ganze Weile vergessen. Obwohl ich wusste, dass ich für diese zwei wundervollen Wesen dankbar sein kann und die Zeit mit ihnen genießen sollte, gelang mir das oft nicht. Die Gründe waren vielfältig. Oft fühlte ich mich überfordert. Ich wollte eine perfekte Mama sein und verglich mich mit den Müttern, die so gerne den Haushalt schmissen, wohlschmeckende Gerichte zauberten, mit Hingabe Kuchen backten und bei jedem Kindergeburtstag und jedem Kindergartenfest engagiert und mit Freude ihre Künste einbrachten. Sie bastelten, sangen und sorgten dafür, dass ihre Kinder in jeder Hinsicht gefördert werden. Wie aus dem Ei gepellt tauchten sie auf, hatten Ehemänner, die sie mit Freude unterstützten, und Großeltern, die nichts Schöneres kannten, als ihre Enkelkinder zu hüten. Dass all das in den meisten Fällen auf mehr Schein als Sein beruhte, wurde mir erst später klar. Da weder Kochen und Backen, noch Basteln und Singen zu meinen Lieblingsbeschäftigungen gehörte, versuchte ich mich zumindest im perfekten Haushalt. Das ging so weit, dass meine Kinder nichts mehr liegen lassen durften. Taten sie es, flippte ich aus. Perfekt sollte es sein. Immer. Wenn ihre Kinderzimmer aussahen, als wäre eine Bombe eingeschlagen, herrschte Krieg. Ich war so ungehalten, dass meine Tochter in diesen Momenten Angst vor mir bekam. Sie erzählte mir später, dass sie sich jedes Mal fühlte, wie in einem Horrorfilm, wenn ich mich auf Händen in Richtung ihres Zimmers bewegte. Für mich selbst war es oft so, als ob ich in einem Albtraum gefangen wäre. Ich wusste, dass mein Verhalten nicht in Ordnung war. Ganz und gar nicht. Doch gelang es mir nicht, aus dem Muster auszubrechen. Wenn meine Wut dann wieder verraucht war, tat es mir unendlich leid, doch in den Momenten schaffte ich es nicht, meine Wut und oft auch Hilflosigkeit in den Griff zu bekommen. Das betraf nicht nur das Aufräumen ihres Zimmers. Auch was die Schule betraf, war ich in den ersten drei Jahren ihrer kreativen Schullaufbahn gefangen in der Überzeugung, dass gute Noten etwas über eine „gute Erziehung" aussagen. Erst als unser Alltag bestimmt wurde von Hausaufgaben, Lernen, Wutausbrüchen und als all das nicht zum gewünschten Erfolg führte, sondern zu einem freudlosen Dauerstress, fing ich an, mich zu fragen, ob dies der richtige Weg ist. Das Bild einer perfekten Familie aufrechtzuerhalten verlangte einen hohen Preis. „Freude" war ein Fremdwort geworden. Ganz sicher spielte hier auch die hohe Mauer in meinem Inneren eine Rolle, die zu der Zeit noch in mir bestand und dafür sorgte, dass ich den Kontakt zu mir selbst verloren hatte. Und so versuchte ich, ein heiles Bild nach außen zu projizieren, welches dem Bild einer oft dargestellten, perfekten Familie entsprach.

Mein Perfektionsanspruch in Bezug auf meine Kinder begann sich langsam zu verändern, als ich anfing, mich zu fragen, wieso mir das alles so wichtig war. Der richtige Durchbruch fand jedoch erst statt, als mir durch den erneuten Verlust eines geliebten

Menschen drastisch vor Augen geführt wurde, wie schnell ein Leben beendet sein kann. Von diesem Zeitpunkt an legte ich wesentlich mehr Wert auf Freude in unserem Alltag als auf aufgeräumte Zimmer, gute Noten, einen perfekten Haushalt. Falls du dich jetzt wunderst, wieso mein Sohn hier so wenig auftaucht: Er war zu der Zeit noch sehr jung und hat nur noch die Ausläufer meines freudlosen Daseins bewusst mitbekommen.

Die kleinen und großen Geschenke des Lebens bereiten mir Freude. Ich freue mich über Lob und Anerkennung sowie über Geschenke zu verschiedenen Anlässen – erwarte sie jedoch nicht. Ich freue mich auf bevorstehende Ereignisse, wie eine Feier oder Reisen, doch sollte etwas dazwischenkommen, ist das nicht weiter tragisch. Die Vorfreude habe ich ja bereits gespürt. Vor einigen Jahren entdeckte ich, mit amüsierter Verwunderung, dass ich mir selber verboten hatte, mich im Vorfeld auf etwas zu freuen. Der Gedanke lautete ungefähr so: „Freu dich nicht zu früh, dann bist du nicht enttäuscht, wenn es nicht klappt." Es ist schon ein kleines Kunststück, sich selber die Freude zu verbieten, meinst du nicht? Ich beschloss jedenfalls, dass das ja wohl der größte Quatsch überhaupt ist. Ob ein Ereignis wie gewünscht oder geplant eintrifft oder nicht, hat absolut nichts mit meiner Freude zu tun. Es ist doch wesentlich schöner, mich vier Wochen lang auf ein Ereignis zu freuen, auch wenn es dann nicht stattfindet, als mir vier Wochen lang die Freude zu verbieten und womöglich noch mit Gedanken rumzurennen, wie: „Hoffentlich klappt das auch. Hoffentlich kommt nichts dazwischen. Hoffentlich werde ich nicht krank. Es haben gerade so viele Menschen Grippe …“ Vorfreude genießen ist nun mein Motto.

So freue ich mich oft einfach auch über mich selbst. Wenn ich morgens in den Spiegel schaue, freue ich mich, mich zu sehen, freue mich, wenn mir etwas gelingt, wenn ich etwas erledige, was ich lange vor mir hergeschoben habe, und ich freue mich, wenn ich zurückschaue und erkenne, wie reich mein Leben sich bisher gestaltet hat. Dann ist in mir Freude gepaart mit einer tiefen Dankbarkeit.

Mit Freude erfüllen mich Begegnungen mit „neuen“ Menschen sowie frische Erfahrungen. Neues zu entdecken, gleichgültig in welcher Form, erfüllt mein Herz mit Freude. Jede Entdeckungsreise berührt und erfüllt mich mit Freude. Auf jeder Reise finde ich Freude. Zutiefst berührt es mich, wenn mich zwischen Armut, Gewalt, Zerstörung, Krieg und Angst ein Lächeln erreicht, wenn Augen mich finden und signalisieren, dass auch in den schwersten Zeiten das Leuchten der Freude überlebt. Ein Lächeln kennt keine Grenzen und ist die einfachste Verständigungsart zwischen der Vielfalt an kulturellen Unterschieden. Ein Lächeln öffnet Herzen. Dafür bedarf es keiner Worte.

Der Tanz meines Lebens

Umarmen, Singen und Tanzen lassen heute mein Herz vor Freude jubeln. Alleine oder gemeinsam mit anderen. Das war nicht immer so. Erst mit 35 Jahren wurde es mir möglich, auch im Rollstuhl vor und mit anderen Menschen zu tanzen. Bis dahin wiegte ich meinen Körper höchstens auf einem Barhocker ein wenig hin und her. Das meistens auch erst, wenn ein wenig Alkohol meine Hemmschwelle herabgesenkt hatte. Heute denke ich schmunzelnd und mit einem leichten Kopfschütteln daran zurück.

Spontan und ohne eine Vorstellung über das, was mich erwartete, hatte ich mich zu einer Ausbildung im Bereich der Persönlichkeitsbildung bei Dieter Hörner angemeldet. Die Ausbildung startete mit einem intensiven 5-Tages-Training. Als ich auf dem Parkplatz des Seminarhotels ankam, nahm ich im Rückspiegel als Erstes eine Menge Menschen wahr, die sich laut lachend um den Hals fielen. Meine ersten, etwas entsetzten Gedanken: „Oh Gott, wo bin ich hier gelandet?? Hatte mein Vater vielleicht doch recht gehabt, als er sagte, dass er den Eindruck habe, ich sei einer Sekte auf den Leim gegangen?“ Gefolgt von einem sehr trotzigen Gedanken: „Es soll bloß keiner wagen, mich zu umarmen!“
Umarmen war zu diesem Zeitpunkt noch etwas, was mir sehr

schwerfiel. Ich erinnere mich an die Zeit, als meine Tochter ein Baby gewesen war. Damals fiel mir zum ersten Mal auf, dass ich mich diesbezüglich etwas sonderbar verhielt.

In Gegenwart anderer Menschen, inklusive meines damaligen Ehemannes, konnte ich meine Tochter zwar füttern, wickeln, baden, doch mit ihr schmusen, sie liebkosen, streicheln, etwas vorsingen, also all das, was die meisten Mütter auf ganz natürliche Weise tun, das gelang mir nur, wenn ich mit meiner Tochter alleine war.

Irgendwann wurde mir dies bewusst und ich dachte: „Silke, das ist doch nicht normal. Das musst du ändern." Ich begann mich zu zwingen, meine Tochter, auch in Gegenwart anderer Menschen, zu liebkosen. Mit der Zeit fiel es mir wesentlich leichter, sodass es nach der Geburt meines Sohnes keine Rolle mehr spielte. Doch eben nur in Beziehung mit meinen Kindern oder jeweiligen Partnern konnte ich Umarmungen, in Anwesenheit anderer Menschen, genießen. Ansonsten spürte ich Übelkeit in mir aufsteigen. Wieso das so war, habe ich mich nie gefragt. Der Grund war für mich nicht wichtig. Ich nahm es als gegeben hin und schaute einfach, dass ich Umarmungen weitestgehend aus dem Weg ging. Und nun das. Am liebsten wäre ich gleich wieder gefahren. Zumindest meldete dies mein Fluchtinstinkt. Der sagte: „Silke, hau ab hier. Das ist definitiv zu gefährlich. Los, lass uns fahren.“ Doch ich blieb und beruhigte mich selber, indem ich dachte, dass ich ja jederzeit noch fahren kann. Erst einmal schauen, wie es weitergeht.

Ich fand einen Platz direkt an der Tür im Seminarraum, sodass ich bei weiterer drohender Gefahr schnell abhauen konnte. Die ersten drei Stunden verliefen jedoch so, dass ich mich relativ sicher fühlte, und ich begann, mich ein wenig zu entspannen. Bis zu dem Moment, als die Musik laut wurde und das Tanzen begann. Schon wieder ging meine innere Kommunikation stark in Richtung Flucht. Ich setzte mich in meinen Rollstuhl, verzog mich in eine Ecke, schaute dem wilden Treiben zu und dachte nur: „Versucht bloß nicht, mich zum Tanzen zu animieren. Wagt es ja nicht. Dann bin ich weg.“ Nach außen versuchte ich meinen inneren Aufruhr zu verstecken und tat so, als wäre der Rollstuhl der Grund, wieso ich mich nicht bewegte.

Wider Erwarten forderte mich jedoch keiner auf mitzutanzen. Doch ich war wirklich froh, als die Tanzrunde beendet wurde. Hätte ich gewusst, dass das Tanzen mich in den nächsten Tagen, Wochen und Monaten begleiten würde, wäre ich tatsächlich wieder nach Hause gefahren. Doch so blieb ich. Meine Tasche packte ich jedoch noch nicht aus. Wer weiß, was morgen auf mich zukommen würde.

All die Menschen zu umarmen konnte ich am fünften Tag bereits richtig genießen. Für das Tanzen brauchte ich noch weitere drei Monate, bis ich den Mut in mir fand, im Rollstuhl vor Menschen zu tanzen. Bis dahin hielt ich mich schön seitlich der Tanzenden auf und beobachtete das bunte Treiben, wie eine Mutter, die sich über die Fröhlichkeit ihrer Kinder freut. Dann beschloss ich, dass das Nicht-Tanzen nun ein Ende hat. Ich fragte meine Tochter, ob sie mich zu einem Landjugendfest im Nachbarort mitnehmen würde. Ich versprach, sie auch nicht zu nerven und erklärte ihr, nur zu ein, zwei Liedern inmitten der Menge tanzen zu wollen – und zwar ohne Alkoholeinfluss. Sie war so nett und begleitete mich. Als der Song „It`s my life“ von Bon Jovi begann, rollte ich in die Mitte des Saals, schloss meine Augen und begann im Rollstuhl zu tanzen. Um Spaßhaben ging es an diesem Abend für mich noch nicht. Ich wollte einfach tanzen lernen, ohne darüber nachzudenken, was andere denken und wie mein Tanz vielleicht aussehen würde. Zwei Lieder tanzte ich, dann fuhr ich nach Hause. Seit diesem Zeitpunkt bereitet mir das Tanzen mit jedem Mal mehr Freude. Tanzen, lauthals singen und umarmen sind nun drei meiner Lieblingsbeschäftigungen. Was nicht bedeutet, dass ich jetzt wie wild durch die Gegend renne und jeden Menschen umarmen muss oder andauernd singe und tanze. Doch heute kann ich entscheiden, ob und wen ich umarmen möchte, ob ich singen und tanzen möchte oder eben auch nicht.

Angsterzeugende, ärgerliche, eifersüchtige, besorgte und deprimierende Gedanken halten uns von der Freude fern. Wenn wir uns selbst klein machen, uns mit Vorwürfen beladen und Anerkennung von anderen Menschen brauchen, werden wir keine Freude empfinden. Wir schlafen zu wenig, essen zu viel, trinken, hetzen durch unseren Tag, erledigen Aufgaben routiniert – einem Roboter ähnlich. Wir kaufen uns Momente, die Freude versprechen, suchen Kicks, die unseren Alltag aufhellen und uns doch niemals die gewünschte Erfüllung schenken, die nur in echter Freude erlebt werden kann. Freude wird oft mit Glück verwechselt. Insbesondere dann, wenn Freude sich zur Euphorie steigert. Euphorie zeigt uns an, dass unsere Bedürfnisse gerade Party feiern, da sie alle mehr als erfüllt sind. Klopf dir ruhig anerkennend auf die Schulter, genieße diese Emotionsparty, doch verwechsle sie bitte nicht mit dem Glücklichsein.

So wie Begeisterung erhält auch Euphorie ihr Feuer durch die Strahlen der Freude.

Freude ist eine Emotion, welche durch unsere Gedanken und unser Verhalten ausgelöst wird. So, wie wir es meist relativ schnell schaffen, uns in der Spirale der freudlosen Gedanken nach unten zu manövrieren, so können wir auch lernen, die Spirale nach oben zu öffnen, indem wir üben, unseren Blick für die Schönheit und vielfältigen Möglichkeiten zu öffnen und zu erhalten. Um

Freude als Empfindung in uns zu integrieren braucht es unsere Erlaubnis. Erlaube dir im Trubel des Alltags und besonders in herausfordernden Zeiten, die du dir anders gewünscht hättest, Freude zu erleben. Es ist möglich, auch in den scheinbar schwersten Zeiten Freude zu finden. In diesen Zeiten gleicht die Freude vielleicht eher einer sanften, im Hintergrund tönenden Melodie, deren Klänge uns durch Schmerz und Verzweiflung begleiten, um uns wie Phönix aus der Asche wieder auferstehen zu lassen.

Jeder von uns hält seinen ganz persönlichen Schlüssel der Freude in der Hand. Kennst du die Tür, die du öffnen darfst, um Freude in deinem Leben zum Sprudeln zu bringen? Erlaube dir Freude – und die Welt wird es dir mit Freude und freudebringenden Ereignissen danken. Durch dich wird die Welt für uns alle zu einem freudvolleren Ort. Was kann es Schöneres geben? Wie auch bei der Dankbarkeit ist es wesentlich, dass wir gerade in Zeiten, in denen es uns am schwersten fällt, Freude zu finden, zumindest anerkennen, dass wir sie finden könnten, wenn wir wollten. Unsere Gedanken gleichen in solchen Phasen meist einer Herde wild gewordener Bisons, die in Panik vor der drohenden Gefahr, ohne Rücksicht auf Verluste, alles niederstampfen, was ihre Angst besänftigen könnte, und nichts und niemand vermag, sie aufzuhalten. Unsere Emotionen fahren Achterbahn und in rasender Geschwindigkeit finden wir uns auf steilem Gefälle, vor uns ein gähnender Abgrund, der uns zu verschlingen droht.

In solchen Situationen sehen wir in der Regel keinen Grund zur Freude, noch finden wir sie in uns. Doch auch wenn es dir noch so schwerfällt und du überhaupt keine Lust und keinen Kopf dafür hast, dich mit Freude zu beschäftigen – tue es trotzdem! (Meine Finger hauen gerade die Tastatur platt – ein Ausdruck, die Wichtigkeit zu unterstreichen.) Schreib auf, worüber du dich freuen könntest, wenn du es wolltest. Gleichgültig, ob dir deine Emotionen gerade genau das Gegenteil signalisieren. Schreib es auf! Jeden Tag! Ob deine Gedanken dich dabei auslachen oder dir weismachen wollen, dass du dich gerade selber verarscht. Schreib es auf! Bleib dran und du wirst ein Wunder erleben. Wir brauchen Erfahrungen, die uns unser Wissen bestätigen. Erfahrungen können durch äußere Ereignisse herbeigeführt werden, was uns zum Spielball äußerer Geschehnisse macht, oder wir erschaffen unsere eigenen Erfahrungen und ersparen uns den Absturz, den schmerzhaften Aufprall und den anstrengenden, oftmals frustrierenden Wiederaufstieg, sofern wir überhaupt den Ausgang finden.

Bleib dran – und du wirst erleben, dass auch in den schmerzerfülltesten und traurigsten Momenten deines Lebens Freude auf dich wartet. Sie wartet nur auf deine Erlaubnis, sich zeigen zu dürfen.

Fragen, die mich unterstützen

- Was erfüllt mich mit Freude?
- Was genau?
- Was bringt mein Herz zum Singen?
- Was wollte ich schon lange einmal wieder tun, habe es jedoch immer wieder verschoben?
- Wann werde ich es tun?
- Worüber könnte ich mich freuen, wenn ich es wollte?
- Kann ich mich über etwas freuen, das nur in meiner Vorstellung existiert?
- Kann ich mich über etwas freuen, das noch in ferner Zukunft liegt?

Raum für eigene Gedanken ...

Als sich die Freude zur Dankbarkeit in meinen Glückskoffer gesellte, begannen sich erste zarte Strahlen durch Kratzer, Risse und Einkerbungen ihren Weg zu bahnen. Sein unbändiges Hin- und Herhüpfen beruhigte sich und wich einer tiefen, von Dankbarkeit getragenen Freude, die immer wieder ihr glucksendes Lachen in die Welt entsandte. Es war eine Freude, meinen Glückskoffer zu betrachten. Das sanfte Strahlen und das glucksende Lachen offenbarten eine Schönheit, die meine Augen zum Glänzen brachten.

Lachen ist so eine wundervolle Fähigkeit. Bauchwehlachen bis einem die Tränen die Wangen hinunterlaufen. Das tut so gut. Diese Art des Lachens entspringt einem Artverwandten der Freude. Da ich dieses Lachen auf meiner weiteren Reise nicht missen möchte und es zudem den Umgang mit wiederkehrenden Missgeschicken und eventuellen Unannehmlichkeiten merklich erleichtert, beschloss ich, die Kunst des humorvollen Lachens als nächsten Glücksschatz einzupacken.

HUMOR

HUMOR

Bei dem Versuch, Humor in den Koffer zu packen, fiel ich fast vornüber aus meinem Rollstuhl. Nur mein Kopf und die Wand bremsten meinen Fall, sonst wäre ich mit im Koffer gelandet. Bei meiner Körpergröße würde ich genau hineinpassen. Dann müsste nur noch der Deckel des Koffers zufallen und die Schnappschlösser einrasten. Ein lebender Glückskoffer. Mein Mann hätte sich vor Lachen auf dem Boden gekugelt. Ich tat es jetzt schon. Diese Vorstellung – einfach zu gut.

Humor, das ist die Fähigkeit, Missgeschicken und Unannehmlichkeiten gelassen und heiter zu begegnen. Für mich bedeutet es auch die Kunst, über mich selber und meine kreativen Verhaltensweisen zu lachen.

Komische Geschichten

Nachdem meine Verletzungen durch den Unfall weitestgehend verheilt waren, verbrachte ich einige Monate in einer Rehaklinik. Zu dieser Klinik gehörte eine orthopädische Werkstatt. Die Menschen, die dort arbeiteten, waren wirklich kreativ und ließen sich Fortbewegungsmittel für mich einfallen, die mir eine Menge Spaß bereiteten.

So bauten sie zum Beispiel „Beine“ für meinen, damals noch dreirädrigen, Rollstuhl. Dieser Rollstuhl wurde mittels Pumpbewegungen mit dem Lenker in Bewegung gesetzt. Vorne hatte er ein Rad, hinten sah er aus wie ein ganz normaler Rollstuhl. Da meinem Körper die Beine fehlten, kamen sie auf die Idee, vorne an der Sitzfläche ein Brett einzubauen, um daran zwei Beine befestigen zu können. Wenn ich also nicht im Rollstuhl saß, stand dort einfach ein Rollstuhl mit zwei Beinen. Für diese Beine wurde natürlich auch Kleidung gekauft: Röcke, Hosen, Schuhe. Das fand ich grundsätzlich schon sehr witzig. Doch ich konnte damit noch mehr lustige Dinge anstellen. Als ich nach Hause durfte, wurde dieser Rollstuhl natürlich mitgenommen. Da ich jedoch lieber auf Händen unterwegs war, nutzte ich ihn meist nur für längere Strecken und stellte ihn zum Beispiel vor Geschäften ab, um dann auf Händen hineinzulaufen. Doch bevor ich aus dem Rollstuhl ausstieg, drehte ich die Beine so, dass die Füße nach oben zeigten. Das war möglich, da sie so konstruiert waren, dass ich sie zu jeder Zeit auch entfernen konnte. So stand also oft ein Rollstuhl mit zwei Beinen, die hübsch gekleidet waren und in den Himmel zeigten, in der Stadt herum. Als mein Vater dies das erste Mal zufällig sah, hat ihn fast der Schlag getroffen.

Auf Händen unterwegs zu sein schenkt mir viele Momente, die ich mit den Augen des Humors betrachten kann. So werde ich ab und zu mit einem Hund verwechselt. Einmal ging ich mit ein paar Freunden in eine Gaststätte, in der sich bereits die Menschen drängten. Zu meinem Schutz ging ein Freund vor mir, einer hinter mir, damit keiner über mich stolperte. Als wir an einem voll besetzten Tisch vorbeigingen, streichelte mir auf einmal eine Hand über den Kopf und ein Gesicht sagte zu meinem hinteren Freund. „Da hast du aber einen wirklich schönen Hund.“ Ich hob meinen Kopf, sodass meine Haare aus dem Gesicht nach hinten fielen, schaute ihn an und bellte: „Wau! Wau!“ Ich musste mir den Bauch halten vor lauter Lachen, so sehr amüsierte mich diese Begegnung.

Eine weitere sehr witzige Situation erlebte ich einmal beim Tanken. Ich tanke oft selber. Der Ablauf gestaltet sich in der Regel immer gleich. Ich steige aus, laufe auf den Händen zur Zapfsäule, schließe den Tankdeckel auf, hänge den Zapfhahn ein, laufe auf den Händen zum Kofferraum, während das Benzin in den Tank läuft, öffne den Kofferraum und hole meinen Rollstuhl heraus. Auch an diesem Tag – doch als ich den Kofferraum öffnete, war dieser leer. Nach einer kurzen Überlegung, wo denn wohl mein Rollstuhl sein könnte, fiel mir ein, dass wir am Tag vorher spazieren gewesen waren und der Rollstuhl noch zu Hause vor der Tür stand. Na super! Über die ölverschmutzte Fläche der Tankstelle bis zur Kasse wollte ich nicht auf den Händen laufen. Mal ganz abgesehen davon, dass ich oft mit einem Geist verwechselt werde, wenn die Menschen an der Kasse nicht mitbekommen, dass ich auf den Händen einlaufe, und dann eine Stimme aus dem Nichts sagt: „Ich möchte zahlen."

Was tun? Ich rief meine Tochter an. Als ich ihr erzählte, dass ich meinen Rollstuhl vergessen hätte, schmiss sie sich weg vor Lachen und meinte:

„Mom, das passiert auch nur dir. Welcher Rollstuhlfahrer vergisst bitte seinen Rollstuhl?!"

Sie sagte, dass sie den Rollstuhl in ihr Auto packen und zur Tankstelle kommen würde. Ich wartete und wartete … Um mir die Zeit zu vertreiben, tanzte ich auf den Händen und sang: „2 x 3 macht 4 – widdewiddewitt und 3 macht 9e! Ich mach' mir die

Welt – widdewidde wie sie mir gefällt ... Hey, Pippi Langstrumpf hollahi-hollaho-holla-hopsassa – Hey, Pippi Langstrumpf – die macht, was ihr gefällt.“

Als ich aufschaute, stand vor mir ein Mann. Sein Mund war offen, sein Blick irritiert.

„Ich warte auf meinen Rollstuhl“, sagte ich lachend. Diesen seinen Blick werde ich sicher nie vergessen. Ohne ein Wort ging er zu seinem Auto.

Endlich tauchte meine Tochter auf. Im Schlepptau ein Polizeiauto. Samantha stieg aus und holte den Rollstuhl vom Rücksitz. In der Zwischenzeit kamen zwei Polizisten auf mich zu. Meine Tochter rief: „Mom, die haben mir nicht geglaubt, dass ich den Rollstuhl für dich transportiere. Sie haben nicht verstanden, wie ein Rollstuhlfahrer seinen Rollstuhl vergessen kann“, und bog sich vor Lachen.

Die Polizei wurde auf sie aufmerksam, weil der Rollstuhl nicht in den Kofferraum des Autos meiner Tochter passte und sie ihn quer über die Rückbank gelegt hatte. Die beiden Polizisten vergewisserten sich, dass der Rollstuhl tatsächlich mir gehörte, und fragten mich, wie ich so etwas Wichtiges vergessen könnte. Meine Tochter baten sie, den Rollstuhl in Zukunft auf sichere Art und Weise zu transportieren.

Solche und ähnliche Situationen passieren mir immer wieder und jedes Mal nehme ich sie mit Humor. Natürlich könnte ich mich auch darüber aufregen – zum Beispiel über meine eigene Vergesslichkeit oder die meines Mannes. Denn schließlich hätte auch er ihn in meinen Kofferraum packen können, als er sich auf den Weg zur Arbeit machte.

Um mich auf den Händen fortbewegen zu können und zum Schutz meines Unterkörpers trage ich eine sogenannte Rutschhose. Diese nutze ich, bis sie fast auseinanderfallen. Eigentlich dachte ich, dass die Gesundheitskasse sich darüber freut, da sie nicht jedes Jahr neue bezahlen müssen. Doch es kam ganz anders. Als es an der Zeit war, wieder ein, zwei neue Rutschhosen vom Sanitätsfachgeschäft anfertigen zu lassen, erhielt ich vom Mitarbeiter, der den Kostenvoranschlag bei der Gesundheitskasse einreichte, einen Anruf.

„Es ist mir jetzt etwas peinlich. Doch, wie soll ich sagen? Ein Mitarbeiter der Gesundheitskasse hat gerade angerufen. Sie möchten, dass ich bei Ihnen vorbeischaue und Fotos von Ihnen mache."

„Wozu das denn?", fragte ich mit tausend Fragezeichen auf der Stirn.

„Der Mitarbeiter möchte wissen, ob Sie diese Rutschhose tatsächlich brauchen."

Die Fragezeichen verselbstständigten sich und begannen sich zu einem lachenden Kreis zu formieren.
Ich bat den Mitarbeiter um die Telefonnummer des zuständigen Sachbearbeiters der Gesundheitskasse und rief gleich an. Als ich ihm erklärt hatte, wer ich bin, und nachdem er mich im System gefunden hatte, fragte ich:
„Sie möchten also gerne Fotos von mir?“
„Ja. Es ist für mich nicht ersichtlich, dass Sie diese Rutschhose wirklich brauchen, deswegen hätte ich gerne Bilder, um zu sehen, ob sie notwendig ist.“
Inzwischen hatten sich meine Fragezeichen in ausgelassene Ausrufezeichen verwandelt.
„Wie hätten Sie die Fotos denn gerne? Liegend, sitzend, Nacktbilder, oben ohne, von hinten, von vorne oder von allem etwas?“
Er fing an zu stottern: „Ich wollte Ihnen nicht zu nahe treten. Doch brauchen Sie diese Rutschhose wirklich?“
„Nein, die brauche ich nicht. Alternativ kann ich auch aufhören zu arbeiten, eine Haushaltshilfe beantragen, die mir den Haushalt schmeißt, und ich tue, wozu ich am meisten Lust habe: lesen, schreiben, Filme schauen, zu jeder Tages- und Nachtzeit Freunde empfangen ... Damit kann ich mich auch sehr gut anfreunden“, antwortete ich schmunzelnd.
Den Vorschlag fand er nicht so toll und so genehmigte er die Anfertigung der Rutschhose. Seit diesem Gespräch hat sich das Thema Fotos und Bezahlung der Rutschhose erledigt.

Hin und wieder habe ich, wie jeder von uns, mit Menschen zu tun, die für Ämter arbeiten und deren Hauptzweck es zu sein scheint, Formulare zu bearbeiten. Für jeden Sachverhalt gibt es in unserem Land einen Wust an Formularen. Als ich 2014 die Steuererklärung für das Jahr 2013 eingereicht hatte, rief mich ein paar Tage später der zuständige Finanzbeamte an. Nach einer kurzen Begrüßung sagte er mit ruhiger Stimme:

„So, Ihr Ehemann ist also 2013 verstorben."

Ich, etwas verdutzt: „Nicht, dass ich wüsste. Im Moment sitzt er mir gerade gegenüber."

„Aha, ich hatte mich schon gewundert, wie ein Toter unterschreiben kann."

Aus Versehen hatte ich in der Steuererklärung „verwitwet" anstatt „verheiratet" angekreuzt. Ich musste sehr an mich halten, um nicht laut loszulachen. Der Herr am anderen Ende bemerkte meine Amüsiertheit und sagte mit ernster Stimme:

„Nicht, dass Sie nur ein Kreuz falsch gesetzt haben. Sie haben auch noch das gesamte System durcheinandergebracht!"

„Wie habe ich das denn geschafft? Ich habe es doch wie immer über das Elsterprogramm eingesandt."

„Ja, das haben Sie. Doch Sie haben sich als Steuerpflichtige angegeben und Ihren Ehemann erst an zweiter Stelle. Bei aller Emanzipation. Das geht nicht. Der Ehemann muss immer als Erstes angegeben werden und dann folgt die Ehefrau! Ich habe jetzt alles nochmals eingeben dürfen."

Ich entschuldigte mich und versprach ihm, dass ich die Errungenschaften der Emanzipation in Zukunft bei der Steuererklärung unberücksichtigt lassen würde. Damit gab er sich grummelnd zufrieden und wir beendeten das Gespräch.

Einige Tage später rief er wieder an:

„So, Sie sind aber viele Kilometer gefahren. Sind Sie sicher, dass die Kilometerangabe stimmt?“

„Wissen Sie, ich bin ein sehr aktiver Mensch. Die Angaben sind korrekt.“

„Sollten Sie dieses Jahr wieder so viel fahren, müssen Sie ab dem nächsten Jahr ein Fahrtenbuch als Nachweis führen.“

Ich war begeistert. Er war ein Optimist. Er vertraute doch tatsächlich darauf, dass ich jedes Mal, wenn ich losfahre, daran denke, das Fahrtenbuch im Navi zu aktivieren. Ich, die selbst ihren Rollstuhl vergisst, ihren Mann für tot erklärt und sämtliche Belege, ob notwendig oder nicht notwendig, in einer Schublade sammelt, bis die Steuererklärung fällig wird. Doch o. k., wenn er sich so optimistisch zeigte, dann konnte ich das auch. Mit Freude versprach ich ihm, entweder nächstes Jahr weniger zu fahren oder ein Fahrtenbuch zu führen.

Eine Woche später hatte ich den engagierten Finanzbeamten erneut an der Strippe:

„So, Sie haben also eine Weiterbildung absolviert.“

„Ja.“

„Dann steht Ihnen eine Verpflegungspauschale zu. Sie müssen

mir nicht jedes einzelne Getränk und Essen aufführen und belegen. Es reicht die Anzahl der Tage und Übernachtungen."
Mittlerweile hatte ich keine Lust mehr, mich mit der Steuererklärung auseinanderzusetzen, und sagte: „Wissen Sie was: Lassen Sie die Verpflegungsgeschichte einfach weg. Ich habe jetzt keine Lust mehr, mich damit zu beschäftigen."
Er stotterte vollkommen verdattert: „Aber, das ist doch Ihr Geld. Das steht Ihnen doch zu!"
Irgendwie war er wirklich süß und sehr engagiert. Also reichte ich ihm die gewünschten Daten ein und endlich war die Steuererklärung so, wie sie sein sollte – und ich habe mich köstlich amüsiert.

Als ich vor Kurzem einen kleinen Unfall mit meinem Auto hatte – ein Pfeiler stand im Weg – durfte ich der Versicherung den Schaden melden. Ich erhielt ein Formular, auf dem ich den Unfallhergang schildern sollte. Diese Formulare kennst du vielleicht.
Meines sah ausgefüllt dann so aus:
Unfallgegner: Dritter Pfeiler vor Gesundheitskasse
Unfallhergang: Rückwärtsgang eingelegt, Gas gegeben, lauter Knall, kurz angehalten, in den Rückspiegel geschaut, Pfeiler gefunden, stand noch, gelacht, weitergefahren

Unfallhergang bitte zeichnen: Mit all meinen zeichnerischen Künsten malte ich mein Auto, dahinter den Pfeiler. Zeichnete einen Pfeil von meinem Auto zum Pfeiler und schrieb darauf: RUMMMS! Es sah ein wenig aus wie die Zeichnung eines vierjährigen Kindes. Selten hat mir das Ausfüllen eines Formulars so viel Spaß bereitet und Lachen entlockt. Einige Tage später rief der zuständige Sachbearbeiter der Versicherung an, bestätigte mir, dass alles in Ordnung sei, und bedankte sich für meine Schilderung. Sie hätten sehr gelacht.

Eine gewisse Komik verbirgt sich für mich in dem zurzeit vorherrschenden Gesundheitswahn, um unser Leben zu verlängern. Gesundheit ist wichtig. Erst, wenn wir sie verlieren, bemerken wir ihren Wert. Doch der Wahn, der um sich greift, alles zu lassen, was uns vermeintlich schadet, und der Genuss, Freude und Spaß zu einer Seltenheit werden lässt, wirkt auf mich sehr schädlich. Die Vielfalt dessen, was wir tun sollten, um gesund zu bleiben, versetzt sicher nicht nur mich in Stress. Noch nie gab es so viele Möglichkeiten, sich gesund und fit zu halten, und doch nehmen Krankheiten nicht ab, sondern zu. Nur woran wir erkranken, verändert sich. Die psychischen Erkrankungen nehmen zu, selbst Kinder finden wir bereits in jungen Jahren in der Kinder- und Jugendpsychiatrie.

Ein entspannter Umgang mit den Erkenntnissen und Möglichkeiten dient aus meiner Sicht wesentlich mehr unserer Gesundheit. Wenn wir wieder Freude und Spaß am Leben haben, wird sich unser eventuell ungesundes Verhalten verändern und wir vermitteln unseren Kindern, dass das Leben lebenswert ist.

Und ich persönlich verlasse diese Welt lieber mit Momenten, Augenblicken, Begegnungen und Erfahrungen, die mich erfüllen und mich dankbar zurückblicken lassen. Auch wenn es dann vielleicht ein paar Jährchen weniger sein sollten. Meine Erfüllung lässt sich nicht in Jahren messen. Was nützt mir und anderen ein langes Leben, wenn ich es nicht genießen kann und miesepetrig durch die Gegend renne? Zumal es ja auch durchaus sein kann, dass mein Leben durch ganz andere Ereignisse schneller endet, als ich es mir denken kann.

Also, wie wäre es, wenn wir uns ein wenig entspannen und beginnen, das Leben wieder zu genießen? Wir sterben sowieso. Die Frage ist nur: Sterben wir glücklich oder unglücklich? Bemerken wir vielleicht erst im letzten Moment, dass wir es uns zu jeder Zeit hätten erlauben können, glücklich zu sein? „Ich wünschte, ich hätte mir erlaubt, glücklicher zu sein“, ist einer der am häufigsten geäußerten Wünsche von sterbenden Menschen.

Die Weisheit des Herzens

Reden wir heute als Familie über Geschichten der Vergangenheit, erzählen wir sie stets mit Humor. Auch, wenn sie zu der Zeit, als sie stattfanden, nicht lustig waren. Doch im Rückblick gelingt es uns, die vielfältigen Momente und Erlebnisse mit Humor zu betrachten. So gleicht meine Vergangenheit jetzt mehr einer Komödie als einer Tragödie. Es ist unwesentlich geworden, wer, wann, was getan hat, wer, wen, wie behandelt hat. Wie viel Wut, Verletzung und Missachtung stattgefunden haben. Zurück blieben Dankbarkeit, Freude und die Fähigkeit, schmunzelnd auf Vergangenes zu blicken und sich ab und zu noch ein wenig zu wundern, wie wir es geschafft haben, uns das Leben so zu erschweren.

Die heilende Wirkung von Humor wird ganz oft auch in Krankenhäusern eingesetzt. Wer kennt ihn nicht, den „Krankenhausclown". Durch den Arzt Patch Adams, der den meisten Menschen durch die Verfilmung des gleichnamigen Spielfilms mit Robin Williams in der Hauptrolle bekannt ist, gelangte die Idee des Krankenhausclowns auch nach Deutschland. Weltweit werden heute Clowns nach Patch Adams ausgebildet und zaubern ein Lachen auf Gesichter kleiner und großer Patienten. In den letzten

Jahren haben auch Psychologen die Heilkraft des Humors erkannt. Besonders Menschen in depressiven Phasen werden durch ein Humortraining auf ihrem Weg der Heilung unterstützt.

Humor nimmt äußeren Ereignissen das Brisante. Er stellt die Wichtigkeit unserer eigenen Person und unseres Erlebens nicht mehr in die vorderste Reihe. Humor öffnet Türen. Lachen verbindet.

Sollte uns unser Humor verloren gegangen sein, können wir ihn wiederentdecken.

Mein Mann hat eine, wie ich finde, geniale Art gefunden, sich an Humor zu erinnern, falls er ihn mal vergisst – und das tun wir alle immer wieder einmal. Er stellt sich vor einen Spiegel und zieht Grimassen, frisiert die Haare, die seinen Kopf noch krönen, in alle Himmelsrichtungen, sodass er aussieht wie Einstein nach einer wilden Versuchsreihennacht, zieht Grimassen und schmeißt sich dabei vor Lachen über sich selbst weg – und ganz nebenbei schenkt er dadurch auch mir Lachen. Sein Humor ist ein Segen. Da wir beide Humor genießen und gelernt haben, auch über uns und mit uns selbst zu lachen, ist unser Alltag von Lachen geprägt.

Es gibt so viele Momente und Augenblicke, die wir mit Humor betrachten können, anstatt uns zu ärgern oder Sorgen zu wälzen.

Humor ist die Kraft, die Leichtigkeit und Gelassenheit in unser Leben ruft und uns unterstützt, die Komik der Situation zu erkennen. Mit Humor kann es gelingen, selbst spannungsgeladene Situationen zu entspannen und unseren „Spannungspartner" zu verblüffen oder zum Schmunzeln zu bringen.

Humor ist, wenn man trotzdem lacht. Eine bekannte Weisheit, der doch nur wenige Menschen folgen. Oft werden das Leben und die eigene Person sehr, sehr ernst genommen. Ernsthaftigkeit bedeutet in der Regel, sich über Missgeschicke und Unannehmlichkeiten ausführlich schwere Gedanken zu machen und mögliche, unangenehme Szenarien in die Zukunft zu projizieren. Viele Dinge nehmen wir übertrieben ernst und ohne ein Fünkchen Humor – „biererernst" (ein Wort, das übrigens nur im deutschen Vokabular zu finden ist.) Ist es möglich, dass wir durch diese übertriebene Ernsthaftigkeit verdeutlichen wollen, wie schwer wir es doch hatten oder haben? Fühlen wir uns nur dann wertvoller, besonders, besser? Dient diese übertriebene Ernsthaftigkeit vielleicht als Ausdruck von Wichtigkeit? Die alltäglichen Dinge allzu ernst zu nehmen, dient im Grunde niemandem. Oft führt dies nur dazu, dass aus einer kleinen Unannehmlichkeit ein großes Problem erschaffen wird: „Aus Mücken werden Elefanten."

Nimm dich und dein Leben wichtig, doch bitte nicht zu ernst! Das dient weder dir noch irgendeinem anderen Menschen oder gar der Situation. Mit Humor finden sich Lösungen auf einfachem Weg und wir gewinnen wertvolle Zeit, die wir mit Dingen erfüllen können, die uns und anderen guttun.

Wie Dankbarkeit und Freude ist auch Humor eine heilende Kraft. Nicht umsonst sagt der Volksmund: „Lachen ist die beste Medizin." Lachen und Humor gehören zusammen, sind jedoch nicht das Gleiche. Im Gegensatz zum reflexartigen Lachen entspringt Humor einer inneren Haltung oder einer Einstellung, die wir dem Leben gegenüber einnehmen. Humor ist eine Art, anderen Menschen zu begegnen. Übrigens: Jeder Mensch verfügt über Humor, auch wenn manche Zeitgenossen nicht den Eindruck erwecken, er drückt sich nur anders aus. Humor kann verbinden oder trennen. Wir können Humor missbrauchen, um andere bloßzustellen, sie zu verletzen, zu verspotten oder uns selbst zu erhöhen, und wir können ihn gegen uns selbst verwenden, indem wir uns selbst verspotten und uns selbst entwerten. Dies sind negative Formen von Humor. Ich mag verbindenden, selbststärkenden Humor und auch nur der kommt in meinen Glückskoffer. Ich mag es sehr, meine Zeit entspannt und wohltuend für uns alle zu gestalten. Und nur zu gerne begegne ich unangenehmen oder stressigen Situationen mit Humor. Humor hilft mir, den Überblick zu behalten, die Geschehnisse nicht zu ernst zu nehmen, und sorgt für Entspannung.

Fragen, die mich unterstützen

- Ist es mir möglich, über mich selbst zu lachen?
- Wenn ja: Worüber genau lache ich am liebsten?
- Welche Situationen hätte ich mit Humor nehmen können, wenn ich gewollt hätte?
- Welche könnte ich in Zukunft mit Humor nehmen?
- Worüber konnte ich lachen, bevor ich mein Lachen verloren hatte?
- Ist es mir möglich, meine Vergangenheit mit Augen des Humors zu betrachten?
- Wann habe ich das letzte Mal Tränen gelacht?
- Wann war das letzte Mal, dass mir vor lauter Lachen der Bauch wehtat?

Raum für eigene Gedanken ...

Freude und Dankbarkeit nahmen Humor mit in ihr Reich auf. Glucksendes Lachen ertönte aus dem Glückskoffer und das sanfte Strahlen verwandelte sich in buntes Funkeln, durchdrungen vom Strahlen der Dankbarkeit.

Humor, Freude und Dankbarkeit: Was für wundervolle Schätze befanden sich jetzt in meinem Glückskoffer! Reichten sie nicht schon aus, um ein glückliches Leben zu leben? Im Grunde schon, nur hat uns Mutter Natur noch etwas sehr Wertvolles geschenkt: das Bedürfnis nach Entwicklung und Wachstum. Dieses Bedürfnis ist in uns unterschiedlich ausgeprägt, doch in jedem Menschen angelegt. Bei mir ist dieses Bedürfnis sehr stark ausgeprägt. Um dieses Bedürfnis zu befriedigen und es zu seiner vollen Pracht erblühen zu lassen, bedarf es einer Eigenschaft, die wir alle bereits in uns tragen. Ohne diese Eigenschaft säßen wir wahrscheinlich noch immer in Höhlen oder hätten uns über ein Zelldasein niemals hinausentwickelt.

MUT

MUT

Als ich begann, die ersten Worte dieses Kapitels zu schreiben, klingelte das Telefon. Wenn ich mich in den Schreibmodus begebe, gehe ich normalerweise nicht ans Telefon. Die Vorwahl war mir bekannt, also beschloss ich, den Anruf trotzdem anzunehmen. Am anderen Ende der Leitung erklang eine unruhige, männliche Stimme. Diese erklärte mir, dass sie mich in einer Talkshow gesehen habe und mir daraufhin eine Nachricht habe zukommen lassen. Jetzt fiel es mir wieder ein. Ich hatte sie heute Morgen gelesen und den Inhalt nicht genau verstanden. Es waren zwei Betreffzeilen mit Namen und einer Todesursache. Mehr nicht. Also hatte ich per E-Mail nachgefragt, um was es genau ginge. Daraufhin hatte dieser Mann all seinen Mut zusammengenommen, wie er sagte, und mich angerufen.

Hinter den beiden Namen verbargen sich zwei Menschen, die ihm sehr nahestanden: seine Frau und ein guter Freund. Dieser Freund starb im Alter von 48 Jahren ganz plötzlich beim Joggen. Seine Frau kam 2015 bei einem Zugunglück ums Leben. Als er mich in der Sendung sah, wühlte dies einiges in ihm auf und er verbrachte eine schlaflose Nacht, in der er mir die Nachricht zukommen ließ. Er hatte seitdem einige Male bereut, mir überhaupt geschrieben zu haben. Nach unserem Gespräch, welches mich tief berührte, da seine Trauer und sein Unverständnis über den Tod dieser beiden Menschen sehr spürbar waren, legten wir beide, dankbar über die telefonische Begegnung, auf. Sein Mut verwandelte sich in Dankbarkeit für uns beide.

Wir brauchen Mut für so vieles in unserem Leben. Sei es, wie dieser Mann, einfach den Mut, den Telefonhörer in die Hand zu nehmen, oder Mut, uns selbst zu begegnen; Mut, uns zu zeigen, wie wir wirklich sind; Mut, uns Konflikten zu stellen; Mut, neue Wege zu gehen und Neues auszuprobieren; Mut, Verantwortung zu übernehmen; Mut, zu vertrauen; Mut, Entscheidungen zu treffen; Mut, Fehler einzugestehen; Mut, Grenzen zu überschreiten; Mut, zu lieben; Mut, nein zu sagen; Mut, eine Meinung zu äußern; Mut, Hilfe anzunehmen.

Für all dies benötigen wir Mut. Nicht jeder in jedem Bereich, doch irgendwann und irgendwo brauchen wir ihn alle. Außer, wir zählen zu den sogenannten Glückskindern, denen alles gelingt, denen Vertrauen und Glücklichsein bereits mit in die Wiege gelegt wurde. Doch Glückskinder in diesem Sinne sind aus meiner Erfahrung die wenigsten Menschen. Die meisten Menschen brauchen Mut.

Mut ist eine natürliche Fähigkeit. Im Trubel des Alltags und in den vielen, oft verwirrenden, schmerzhaften persönlichen Erlebnissen und Meldungen aus aller Welt fällt es leicht, dies zu vergessen. Mut ist individuell. Was dem einen leichtfällt, kann für einen anderen Menschen die Herausforderung seines Lebens sein, doch jeder von uns war in seinem Leben bereits mutig. Es mag sein, dass sich der eine oder andere etwas mehr Mut in seinem Leben wünscht, doch mutig war und ist bereits jeder von uns.

Viele Jahre war mir nicht bewusst, dass Mut oft den entscheidenden Unterschied in meinem Leben machte. Wenn Menschen zu mir sagten: „Das ist aber mutig", fragte ich mich oft, was genau daran jetzt mutig gewesen war. Da ich keine Angst empfand, war Mut nicht notwendig. Ich machte mir niemals viele Gedanken darüber, dass etwas passieren könnte, wenn ich zum Beispiel im Sportunterricht am Barren und Reck rumturnte, auf Gepäckträgern und Mofas mitfuhr, Pan Tau, Pippi Langstrumpf und Tarzan spielte. Einen Job kündigte, eine Beziehung beendete.

MUT

Wovor ich jedoch lange Zeit große Angst hatte, das waren Konflikte. Bereits als Kind lösten Konflikte in mir Angst aus. Es war die Angst, dass nach einem Streit nichts mehr so sein würde, wie es davor war. Es fiel mir schwer zu verstehen, wie Menschen sich gegenseitig mit Worten derart verletzen konnten und wie kurz darauf scheinbar alles wieder im Lot sein konnte. So entzog ich mich Konflikten, wenn möglich, indem ich die Situation verließ oder mich innerlich zurückzog. Im Grunde hatte ich Angst zu sagen, was ich wirklich denke und fühle. Dahinter steckte die Angst, nicht mehr gemocht oder geliebt zu werden. Die Angst vor Trennung. Da sich so alles Mögliche an Gedanken und Emotionen in mir staute, glich ich manches Mal einem wandelnden Pulverfass. Wenn das Fass voll war, explodierte es jedoch nicht unkontrolliert. Ich fasste in zwei, drei Sätzen zusammen, was ich sagen wollte. Dies auch nicht lautstark, sondern sehr ruhig, doch mit einer Härte, die signalisierte: keine Diskussion gewünscht, keine Erklärungen oder Entschuldigungen. Meine Mutter sagte irgendwann einmal zu mir: „Du sagst sehr lange nichts, doch wenn du dann was sagst, dann tut es richtig weh. Es trifft mitten ins Herz.“ Da war ich so Mitte zwanzig. Im Gegensatz zu mir trug meine Schwester jeden Konflikt aus. Mein Vater sagte einmal: „Deine Schwester wollte bereits mit zwei Jahren alles ausdiskutieren." Und das hielt bis zu ihrer Krankheit an. Ob mit meiner Mutter oder ihren Partnern – meine Schwester ging stets in den Konflikt, was mich regelmäßig heraustrieb und in mir ein heilloses Chaos anrichtete, wenn meine Mutter und meine Schwester stritten. Ich wollte Harmonie. Es war für mich oft anstrengend mit den beiden wilden Konfliktsuchern.

Auch gegenüber fremden Menschen war ich nicht in der Lage zu äußern, was ich sagen wollte. Selbst da nicht, wo es wirklich notwendig gewesen wäre. Als Beispiel fällt mir eine Situation ein, in der mir zum ersten Mal so richtig bewusst wurde, dass mein Verhalten eher dem Verhalten eines total verängstigten Kindes glich als einer erwachsenen Frau.

Sammy und Pascal hatten draußen gespielt. Was genau, wusste ich nicht. Sammy war gerade acht und Pascal vier Jahre jung. Sie waren kaum im Haus, da klingelte es an der Tür. Sammy öffnete und ein Schwall aufgebrachter Worte drang an meine Ohren. Schnell ging ich zu meiner Tochter und sah, wie sie vollkommen irritiert und verängstigt nach unten schaute. Vor ihr stand eine Nachbarsfrau, die jetzt mich anschrie: „Die rothaarige Hexe hier", sie deutete auf Sammy, „gehört auf dem Scheiterhaufen verbrannt und Sie im KZ vergast!" Im ersten Moment war ich vollkommen verblüfft über die Aggression, die uns entgegenschlug. In der nächsten Sekunde schlug meine Verblüffung in ein inneres Emotionschaos um, welches mich handlungsunfähig werden ließ. Alles, was ich gerade noch tun konnte, war, die Tür zu schließen. Schnell ging ich ins Bad und ließ meinen Tränen freien Lauf. Ich war verzweifelt. Nicht über das, was diese Frau gesagt hatte, sondern darüber, dass ich nicht in der Lage gewesen war, angemessen auf diese Situation zu reagieren – oder zumindest Wut darüber zu empfinden. Was war ich nur für eine Mutter, der es nicht einmal möglich war, ihr Kind zu verteidigen?

Wie oft hatte ich meine Kinder wutentbrannt angeschrien, was ich nicht wollte, doch da, wo es notwendig und eventuell auch angemessen war zu reagieren, da gelang es mir nicht. Hier stimmte doch irgendetwas nicht. Diese innere Frage brachte mich dazu, mich mit meiner Konfliktfähigkeit auseinanderzusetzen.

Dies tat ich, indem ich mich darin übte, überhaupt erst einmal bewusst wahrzunehmen, was in mir vorging, wenn sich ein Konflikt anbahnte, und so übte ich meine Emotionen und Gedanken auszudrücken. Vorwiegend übte ich dies zu Hause mit meinen Kindern. Wenn wir uns stritten, sorgte danach zunächst jeder für sich, indem er zur Ruhe kam. Sammy und Pascal waren da wirklich süß. Wenn wir dann bereit waren und es noch als notwendig empfanden, sprachen wir über das Geschehene. Oft war es so, dass wir uns im Grunde nur stritten, weil wir unachtsam im

Umgang miteinander waren. Es war faszinierend zu erleben, dass ab dem Zeitpunkt, als ich mich der Erforschung und Veränderung meiner Konfliktfähigkeit und Wut widmete, Sammys Wut sanfter wurde.

Sehr genau erinnere ich mich noch an eine Situation, in der ich übte, meiner Wut Ausdruck zu verleihen. Ich befand mich in der Küche und räumte auf, Sammy kam herein und sagte irgendetwas, das mich wütend machte. Ich hatte gerade einen Handmixer in der Hand und drehte mich zu ihr um. Sie war kaum zur Tür raus, da schmiss ich ihr den Mixer hinterher. Keine Sorge. Ich hatte nicht die Absicht, sie zu treffen. Sie hörte den Knall, mit dem der Mixer aufschlug, schaute mit verschmitztem Blick in die Küche und sah, wie ich mit einer Armbewegung meine Freude ausdrückte. „Tschaka! Geschafft!“ Sie schaute mich an und sagte mit einem Grinsen im Gesicht: „Ich sehe schon die morgige Schlagzeile in der Bildzeitung vor mir: Kind von Mixer erschlagen und Mutter freut sich, dass sie Wut spüren und ausdrücken kann.“ Lachte und weg war sie.

Übrigens: Der Auslöser für das Verhalten der Nachbarsfrau war das Spielen meiner Kinder auf dem Gehweg vor ihrem Haus. Sie hatten versucht, mit kleinen Stöcken Ameisen zu retten, und dabei die Erde zwischen den Pflastersteinen etwas gelockert. Wie sie es schilderte, hörte es sich an, als ob die Pflastersteine jetzt lose auf dem Gehweg lagen. Dem war nicht so. Sie neigte sehr zu Übertreibungen. Sie und ihr Mann waren diese Art von Menschen, die ihren Rasen mit einer Schere exakt auf gleiche Höhe schnitten.

Mit dem Ehemann dieser Nachbarsfrau durfte ich einige Zeit später testen, ob ich genügend Mut in mir fand. Dieser Mann hatte sich entschieden, Pascal besondere Zuneigung entgegenzubringen. Es begann damit, dass er ihm immer wieder Geld schenkte und Pascal zu einem Kakao zu sich ins Haus einlud. Pascal fand das cool. Geld konnte er immer gebrauchen. Als ich ihn bat, es zurückzugeben, tat er sich damit sehr schwer. Doch er brachte es zurück. Daraufhin erhielt ich einen Anruf, in dem mir unser Nachbar erklärte, dass er nur etwas Gutes tun wollte und er sicher mehr Geld habe als wir. Auch mich lud er auf ein Glas Rotwein ein, welches ich dankend ablehnte. Ich war verunsichert. Was geschah hier? Bisher war er uns niemals freundlich begegnet. Eine unangenehme Vorahnung breitete sich in mir aus. Er lud Pascal weiterhin zu sich ein und rief mich danach an. Er konnte mir erzählen, um welche Uhrzeit Pascal morgens zur Schule gefahren war, wann er nach Hause kam, mit wem er unterwegs war, ob er müde aussah, was er anhatte. Und immer wieder lud er auch mich auf ein Glas Rotwein ein. Der Klang seiner Stimme löste in mir panikartige Emotionen aus. Ich fühlte mich immer unwohler mit der Situation und bat Pascal, die Einladungen nicht mehr anzunehmen und auch sonst einen großen Bogen um diesen Menschen zu schlagen. Pascal hielt sich daran und lehnte die Einladungen und Geschenke ab. Dies passte unserem Nachbarn gar nicht. Er rief an und teilte mir mit spürbar unterdrückter Wut mit, dass er das Jugendamt einschalten würde, da ich nicht in der Lage wäre, meine Kinder angemessen zu betreuen. Was er auch tat. Und nicht nur das.

Einige Tage später klingelte es an der Tür. Ich öffnete und vor mir standen zwei Polizeibeamte. Sie hätten eine Anzeige erhalten. Ich würde meine Kinder misshandeln, sie fesseln und schlagen. Wir konnten die Angelegenheit klären, doch das änderte nichts an der Situation mit diesem Nachbarn.

Bisher hatte ich nicht klar Stellung bezogen und auch nicht wirklich so gehandelt, dass sich etwas verändern konnte. Ich hatte Angst und fühlte mich hilflos. Dies sorgte dafür, dass ich mehr oder weniger handlungsunfähig wurde. Er wirkte wie ein Mensch, der nicht einzuschätzen ist, und ich hatte keine Ahnung, was seine wirkliche Absicht war, geschweige denn, ob er überhaupt eine hätte. Galt sein Interesse Pascal oder mir? Uns beiden? War er einfach nur krank? Ein Psychopath?

Was ich brauchte, um die Situation zu verändern, war Handlungsfähigkeit. Das war mir klar. Nur wie sie wiedererlangen? Ich wusste, ich musste einen ersten Schritt gehen. Einen ersten Handlungsschritt. Ich rief einen Bekannten an, der bei der Kripo arbeitete, erklärte ihm die Situation und fragte, ob er kurz checken könnte,

ob über diesen Mann etwas bekannt sei. Er tat es, doch auf polizeilicher Seite lag bisher nichts gegen ihn vor. Das beruhigte mich wenig, wie du dir vielleicht vorstellen kannst.
Als er mich wieder anrief, nachdem die Polizei bei uns gewesen war, fragte er, ob ich jetzt bereit sei, ein Glas Rotwein mit ihm zu trinken. Über diese Dreistigkeit oder Ignoranz, keine Ahnung, was es wirklich war, war ich dann doch verblüfft und ich wusste, dass ich dem jetzt irgendwie ein Ende setzen musste. Ich nahm all meinen Mut zusammen und sagte mit klarer und kraftvoller Stimmer: „Sollten Sie noch einmal hier anrufen oder meinen Sohn in irgendeiner Art und Weise zu nahetreten, werde ich eine Anzeige wegen Belästigung und Verleumdung gegen Sie erstatten. Des Weiteren werde ich Ihr Verhalten öffentlich machen und dafür sorgen, dass Ihre Frau davon erfährt." Dann legte ich auf, ohne seine Reaktion abzuwarten.
Ab diesem Zeitpunkt war Ruhe. Er stand nur immer wieder einmal an seinem Zaun, wenn wir mit dem Auto vorbeifuhren.

Insgesamt waren es ungefähr drei Monate, in denen ich nicht in der Lage gewesen war zu handeln, sondern in denen ich mich von Angst hatte regieren lassen. Es ist müßig zu fragen, wieso ich nicht eher handeln konnte oder wieso es mir so schwerfiel, überhaupt zu handeln. Dafür findet sich sicher eine Erklärung. Für mich war wichtig, dass ich die Gesamtsituation verändern konnte, und so zu erleben, wie Mut dafür sorgt, festgefahrene

Situationen kraftvoll in Bewegung zu bringen und zu verändern.

Auch in den Beziehungen zu meinen Partnern fand ich selten den Mut, klar auszudrücken, was ich mir wünschte, oder meine Vorstellungen direkt zu äußern. Interessanterweise hatte ich immer Partner, die auf die eine oder andere Weise ein gewisses Maß an Aggression und Wut mit sich herumtrugen. Der eine zeigte es, was mich maßlos überforderte, der andere hatte es tief in sich verborgen und es trat nur zutage, wenn die Hemmschwelle gesenkt wurde oder das Fass am Überlaufen war. Ein anderer ertränkte es im Alkohol. Erst mit meinem jetzigen Partner lernte ich, Konflikte in einer Partnerschaft auszuhalten und mich ihnen zu stellen. Zu Beginn unserer Partnerschaft war ich mit seinem explosiven Verhalten oftmals überfordert. Stell dir eine Beziehung zwischen einem wild gewordenen Affen und einem stummen Fisch vor. So ungefähr sah unsere Beziehung aus, wenn wir unterschiedlicher Meinung waren oder unsere Überzeugungen aufeinanderprallten. Er flippte aus – ich zog mich zurück und sprach nicht mehr. Was ihn noch wilder machte. Der Grund, wieso ich mich auf einen Konflikt nicht einließ, war immer noch derselbe wie in den Jahren zuvor: Ich hatte Angst, dass wir uns verlieren, wenn jeder wirklich sagt, was er denkt und fühlt. Angst vor Trennung. Angst, nicht mehr geliebt zu werden. Also sagte ich lieber nichts und verzog mich. Er verzog sich auch – doch meistens, um seiner Wut und seiner Hilflosigkeit Raum zu verschaffen, indem er mit quietschenden Reifen davonfuhr und irgendwo seinen ganzen Frust laut herausschrie. Irgendwie war er im Umgang mit seinen Emotionen wesentlich echter als ich, auch wenn das für mich nicht immer angenehm war.

An einem Punkt unserer Beziehung, an dem wir beide uns bereits mit Trennungsgedanken beschäftigten, müde der immer wiederkehrenden Konflikte, entschlossen wir uns, alles auf den Tisch zu packen, was sich an Emotionen, Verletzungen und Urteilen in uns angesammelt hatte.

Es ging darum, wirklich alles auszusprechen. Wirklich alles! Und das war in unserer Situation eher unangenehm. Richtig unangenehm. Es tat höllisch weh und es brauchte einige Tage, inklusive Verschnaufpausen, bis wirklich alles ausgesprochen war. Doch dann, dann brach eine Nähe und ein Verständnis auf, welches bis heute trägt. Wir standen im Feuer, verbrannten und tauchten als Paar, wie Phönix aus der Asche, wieder auf.

Heute sind die Momente, in denen es unangenehm heiß wird, seltener geworden. Wir beide sind sehr dankbar, dass wir den Mut gefunden haben, uns dem zu stellen, was in uns war, und uns zu zeigen. Auf diese Weise haben wir unserer Beziehung starke Wurzeln verliehen, die selbst kein noch so stürmischer Orkan entwurzeln kann – was nicht bedeutet, dass wir ein Leben lang zusammenbleiben müssen! Doch sollten sich unsere Wege wider Erwarten trennen, werden die Wurzeln der Liebe und Nähe die Trennung tragen.

Ebenso wie die meisten Menschen wünschte ich mir, tief und wahrhaftig zu lieben, eine Liebesbeziehung zu führen, die zum Kern durchdringt, sich nicht im Alltag verliert, in der jeder in seinem Rhythmus wachsen und erblühen darf. Eine Beziehung, in der jeder sein darf und nicht muss. Es brauchte ein paar Jahre, bis ich begriff, dass dazu etwas notwendig ist, was ich in punkto Beziehung nicht hatte: Es brauchte Vertrauen.

VERTRAUEN

Kontrolle ist gut, Vertrauen ist besser

Der umgekehrte und bekannte Spruch „Vertrauen ist gut, Kontrolle ist besser“ war viele Jahre mein Wahlspruch. Ich war ein regelrechter Kontrollfreak, was meine Partner und Kinder betraf, und Zweifel war mein bester Freund.

Ich entwickelte mich zu einer Meisterin der subtilen Manipulation, damit alles so funktionierte, wie ich dachte, dass es sinnvoll und gut für uns alle wäre. Das war verdammt anstrengend. Und es war unmöglich. Immer wieder gab es Situationen, die ich nicht kontrollieren konnte, in denen die anderen einfach machten, was sie wollten, und ich mich überfordert und hilflos in einem heillosen Chaos wiederfand – einem Chaos, welches nur ich selbst als Chaos empfand. Es bedurfte einiges an Mut, darauf zu vertrauen, dass ein Zusammenleben auch ohne Kontrolle möglich, vielleicht sogar angenehmer ist.

Wie schwer es mir fiel, anderen Menschen zu vertrauen, fiel mir erst in seinem ganzen Ausmaß während einer sogenannten Vertrauensübung auf. Bei dieser Übung ging es darum, von zwei aufeinandergestellten Tischen in eine Gruppe von Menschen zu springen, die den Springer gemeinsam fangen sollten. Die meisten in unserer Gruppe hatten eine Menge Spaß bei dieser Übung. Ich beobachtete das Treiben und bemerkte, wie sich in mir alles sträubte, darauf zu vertrauen, dass diese Menschen mich tatsächlich auffangen würden. Wären sie nicht dagestanden, wäre ich, ohne mit der Wimper zu zucken, gesprungen. Meinem Körper vertraute ich. Ich wusste, dass meine Arme den Sprung aus dieser Höhe abfangen würden. Doch die anderen? Also fuhr ich mit meinem Rolli, wie ein eingesperrter Tiger, an diesem Tisch hin und her. Ich spürte, dass es wichtig für mich war, diesen Sprung zu wagen.

Ich fasste meinen Mut zusammen, gab mir einen innerlichen Ruck und stieg auf den Tisch. Als ich an der Kante stand und die Menschen dort stehen sah, die mich erwartungsvoll ansahen, wünschte ich mir im Grunde nur, dass sie zur Seite gingen. Doch sie standen da, hielten sich an den Händen und schauten mich an. Sekunden vergingen. Im Raum breitete sich Stille aus. Ich hob meinen Körper mit meinen Armen in die Höhe, als ob ich kopfüber in ein Schwimmbecken springen wollte, schloss meine Augen, stieß mich von der Kante ab und flog mitten hinein in die Menschen, die bereitstanden, um mich aufzufangen.

Sie fingen mich sanft und setzten mich am Boden ab. Mein ganzer Körper zitterte, mein Kopf war frei von Gedanken und in mir breitete sich ein Gefühlsmix von Freude und Dankbarkeit aus.

Spannenderweise war Vertrauen bei den Geburten meiner Kinder gar kein Thema. Da war es einfach vorhanden. In mir war ein so tiefes Vertrauen, dass meinen Kindern und mir, weder während der Schwangerschaft noch bei der Geburt, etwas geschehen wird. Dieses Vertrauen hat weniger mit dem Vertrauen in andere Menschen zu tun. Es gleicht eher dem Urvertrauen.

Urvertrauen. Dieser Begriff wurde in den Fünfzigerjahren von dem Kinderpsychologen Erik H. Erikson ins Leben gerufen. Nach Erikson erwirbt der Säugling im ersten Lebensjahr ein Grundgefühl dafür, welchen Situationen und Menschen er vertrauen kann und welchen nicht. Auch heute stimmen Entwicklungspsychologen mit ihm darin überein, dass in den ersten Lebensjahren die Weichen dafür gestellt werden, ob wir der Welt und den Menschen um uns herum tendenziell vertrauen oder eher nicht. Auch der Verlauf der Schwangerschaft spielt bei der Entwicklung von Urvertrauen heute eine tragende Rolle.

Es steht außer Frage, dass es wundervoll ist, wenn ein Kind bereits im Mutterleib erfährt, dass es willkommen und erwünscht ist, dass es geliebt wird. Wenn sich dies in den nächsten Jahren fortsetzt, hat das Kind eine stabile und gesunde Abflugbasis, auf der es vertrauensvoll den Flug ins eigene Leben beginnen kann. Was mir bei dieser Theorie jedoch immer ein wenig gefehlt hat, war die Berücksichtigung, dass es auf unserem Planeten doch eine Vielzahl an Menschen gibt, die in keiner Weise willkommen waren, die bereits am Tag der Geburt ausgesetzt wurden, in Heimen und Pflegefamilie aufwuchsen, in denen sie misshandelt oder missbraucht wurden. Oder auch in der eigenen Familie. Sie haben, laut der Theorie des Urvertrauens, also niemals gelernt zu vertrauen. Und trotzdem gibt es viele, viele Menschen, die Vertrauen aus sich heraus schöpfen. Woher nahmen sie es? Das war die Frage, die ich mir stellte. Aus meiner Erfahrung fanden sie das Vertrauen weder in anderen Menschen, noch hatten sie gelernt, sich selbst zu vertrauen.

Für mich bedeutet Urvertrauen das Vertrauen in die Kraft, die alles Leben erschafft, die sich stets wieder erneuert und uns immer umgibt. Es ist die Kraft, die Universen erschafft, sie verbindet und hält. Das Mysterium, welches wir alle wahrnehmen und welches sich bis heute nicht wirklich erklären lässt. Es ist die Kraft, die zu jedem von uns spricht. Ob wir ihr Gehör schenken, ist eine andere Frage. Bei der Entscheidung für meine Kinder, schenkte ich ihr Gehör. Wie bei so vielen anderen Dingen auch. Dieses Urvertrauen können wir (wieder) in uns entdecken und es ist unabhängig von anderen Menschen und Gegebenheiten. Doch auch ohne diese Form des Vertrauens ist es möglich, vertrauensvoll in die Zukunft zu blicken.

Urvertrauen kann laut der Theorie von Erikson auch in späteren

Jahren, durch andere Bezugspersonen, wiedergewonnen werden. Dies gestaltet sich jedoch wesentlich schwieriger.

Um einem anderen Menschen zu vertrauen, brauchen Menschen in erster Linie Mut.

Es braucht Mut zu vertrauen.

Sich selbst vertrauen – Selbstvertrauen. Auch das ist für viele Menschen nicht selbstverständlich. In manchen Bereichen gelingt es uns, in anderen wieder nicht. Manchmal scheinen wir es ganz und gar verloren zu haben. Entweder wurde uns beigebracht, dass wir uns selbst nicht vertrauen können, oder wir selber haben dafür gesorgt, dass wir es nicht mehr tun. Wenn wir unsere Werte verraten, wenn wir uns vor Angst ducken oder unsere Entscheidungen von Angst geleitet treffen, untergräbt dies unser Selbstvertrauen. Mut lässt es uns zurückgewinnen. Jedes Mal, wenn wir den Mut fassen, unserer inneren Kraft wieder zu vertrauen, dieser Kraft, die uns von Kindheit an wieder aufstehen lässt, wenn wir fallen, wird unser Selbstvertrauen stärker.

Wächst unser Vertrauen, brauchen wir Mut seltener.

MUT

Silke, zeige dich!

Mut brauchte ich auch bei den Liegestütz-Videos. Vielleicht sind sie dir bekannt. Sie werden immer wieder gerne als Einspieler im Fernsehen gezeigt, wenn ich zu Talkshows eingeladen werde oder Beiträge über mich gezeigt werden. Bis zum ersten Video im Januar 2014 existierte von mir kein Bild im Internet, welches mich in meiner vollen Größe von 86 cm zeigte. Nur Profilbilder. Zum einen hatte ich Bedenken, aufgrund meines Körpers, sofort in die Schublade „Behindert" gepackt zu werden, zum anderen hatte ich einfach Angst vor den Reaktionen. Ein wenig verrückt, nicht? Mein ganzes Leben lang war ich viel unterwegs, immer in Kontakt mit Menschen – und hier hatte ich Angst, mich zu zeigen. Ich muss auch nicht alles verstehen.

Du wirst nicht glauben, wie nervös ich bei den ersten Aufnahmen war. Ich konnte nicht in die Kamera schauen, geschweige denn auch noch ein Wort sprechen. Ich war ein richtiger „Schisser". Schau dir einmal das erste Video auf Youtube an. Da siehst du es. Die Videos verbreiteten sich zügig im World Wide Web und mich erreichten die ersten Reaktionen. Die meisten Rückmeldungen waren positiver Natur, doch es gab auch viele, die das genaue Gegenteil waren. Ich lernte, weder die Bewunderung noch die

Abwertung oder sonstige extreme Reaktionen persönlich zu nehmen. Ich lernte zu unterscheiden, wo es angemessen war zu reagieren und wo es keinen Sinn machte. Immer wieder bekam ich auch tief berührende Rückmeldungen, die mich mit Erstaunen erkennen ließen, welche Kraft sich in den Videos verbarg, und die mich mit Dankbarkeit und Demut erfüllten.

Eine weitere Angst, die mich lange Jahre begleitete, betraf das Sprechen vor einer Menschengruppe. Ich erinnere mich noch an Elternabende in der Schule, an denen ich etwas sagen wollte, doch niemals einen Ton herausbrachte. Schweißausbrüche, Herzrasen und Ohrenrauschen ließen mich verstummen. Wieso das so war, wusste ich nicht. In der Schule hatte ich ohne Probleme Referate vor der Klasse halten können. Wieso sich das so geändert hat, war mir nicht bewusst. Ist es bis heute nicht. Der Grund ist auch nicht wichtig. Wichtig war nur, diese Reaktionen zu verändern und Raum für neue Möglichkeiten zu erschaffen.

Das tat ich dann auch und plumpste von einer Redeübung in die nächste. Vor kleinen, bekannten Gruppen bis zu vollkommen unbekannten Menschen übte ich das „freie Reden“. Jedes Mal klopfte mein Herz wie wild und ich war nicht fähig, einen zusammenhängenden Satz zu denken. Wie in Trance sprach ich und wusste hinterher nicht mehr, was ich gesagt hatte. Es waren intensive Erfahrungen, nach denen mein Mut und ich vollkommen fertig und sehr stolz auf uns im Eck lagen. Heute macht sich meine „Sprechpanik" noch immer in Form von Lampenfieber bemerkbar. Dies darf auch bleiben. Hält es mich doch wach, erinnert mich daran, was in kürzester Zeit möglich ist, und lässt mich das Sprechen vor Menschen stets als etwas Besonderes erleben.

Was uns häufig davon abhält, mutig zu sein und neue Schritte zu wagen, ist unsere Angst. Die Angst zu versagen, die Angst sozial ausgegrenzt zu werden, nicht mehr zur Herde dazuzugehören. Auch hinter Schuldgefühlen und Selbstzweifeln versteckt sich unser Mut sehr gerne.

Wenn das der Fall ist, dann braucht es wieder Mut. Du merkst: Du kommst nicht drum herum. In unserer Welt brauchst du Mut, Verantwortung zu übernehmen.

MUT!

Die Königsdisziplin

Verantwortung – das Wort wiegt für manch einen sehr schwer. Andere wiederum lieben es und tragen gerne Verantwortung. Doch die allerwenigsten Menschen übernehmen sie tatsächlich in vollem Umfang für sich und ihr Leben.

Was bedeutet das konkret? Es bedeutet, zu 100 Prozent die Verantwortung für seine Gedanken, Worte, Emotionen und Handlungen zu übernehmen. Sprich: auch für die Konsequenzen, die daraus entstehen!

„Gar nicht so schwer", dachte ich mir, als ich das erste Mal davon hörte. Doch weit gefehlt. Das Ausmaß dessen, was es bedeutet, wurde mir erst nach und nach so richtig bewusst. Es bedeutet: keine Ausreden mehr. Gar keine! Weder herumzulaufen mit einem Rucksack, angefüllt mit Geschichten der Vergangenheit, mit all dem emotionalen, oft schmerzhaften Gepäck, mit dem, was und wer ich gestern war, noch irgendeinen Menschen, eine Organisation, die Politik oder Gott für das, was ich erlebte, verantwortlich zu machen. Es bedeutet aufzuhören, Erfahrungen als Gründe zu nutzen, wieso ich jetzt nicht anders handeln und auf gar keinen Fall frei oder gar glücklich sein kann; wieso es mir unmöglich ist, bestimmte Verhaltensweisen zu ändern, damit es mir besser geht, sie als Grund dafür zu nutzen, in meinem Leid und meinem Opferdasein zu bleiben.

Harter Tobak – im ersten Moment. Im zweiten Moment schenkte mir die Übernahme von Verantwortung die Fähigkeit, zu handeln und Bewegung in stillstehende Situationen zu bringen. Sie schenkte mir die Möglichkeit, meine Zukunft selbst in die Hand zu nehmen.

Wenn wir in diesem Sinne die Verantwortung übernehmen, dann ist das Spiel mit den Geschichten der Vergangenheit, aus denen wir als Opfer hervorgingen, in diesem Moment zu Ende. Die Verantwortung zu übernehmen, bedeutet nicht, dass das, was wir in der Vergangenheit erlebt oder anderen Menschen zugefügt haben, in Ordnung war. Es bedeutet einfach nur, für die daraus resultierenden Emotionen, Gedanken und Handlungen die Verantwortung zu übernehmen, unserem Erleben nicht mehr hilflos ausgeliefert zu sein oder es als Entschuldigung zu benutzen.

Ich wünsche dir Mut, dir selbst zu begegnen,
dir radikal ehrlich gegenüberzutreten.

Sich selbst zu begegnen erfordert Mut. Es erfordert Mut, sich all dem zu stellen, was in uns ist – all den Emotionen und Gedanken, die aus alten Verletzungen und schmerzhaften Erinnerungen stammen; sich seine Motive ehrlich einzugestehen; zu erkennen, dass wir ganz oft nur unsere eigenen Bedürfnisse erfüllt haben möchten, nicht in der Lage sind, Grenzen zu setzen, um unser Innerstes zu schützen, Konflikten aus dem Weg gehen und oft noch immer agieren, als wären wir im Kleinkind- oder Teenageralter. Es erfordert Mut, uns darüber klar zu werden, dass unsere Aggression und Wut meist nur ein Zeichen von Hilflosigkeit ist und wir noch nicht gelernt haben, uns anders auszudrücken, und dass all unsere Begründungen, Ausreden und unser Rechthaben „den Bach runtergehen".

Es erfordert Mut, denn wir wissen nicht, was wir vorfinden werden, und es kann verdammt wehtun, wenn die Masken fallen. Da hilft uns auch ein Glaube an eine spirituelle Welt meist nicht viel, vor allem dann nicht, wenn wir ihn als Fluchtweg benutzen, um uns selber aus dem Weg zu gehen. Doch dieser Schmerz ist nichts im Vergleich zu dem Schmerz, den wir erleben werden, wenn wir am Ende unseres Lebens feststellen, dass wir die meiste Zeit an der Oberfläche verbracht haben und die Schönheit, Vielfalt und Intensität unter der Oberfläche für uns unentdeckt blieb – dass all die Chancen und Möglichkeiten unerkannt blieben. Es kann schmerzhaft sein, es muss nicht. Doch gleichgültig, wie sich dein

Weg zu dir selbst gestalten wird, mit jeder Begegnung wird dein Leben reicher und erfüllter.

Im Laufe unseres Lebens dürfen wir uns immer wieder selbst begegnen. Das ist in der Regel nichts, was wir nur einmal tun und dann ist alles fein. Doch mit jeder Begegnung wird es einfacher und irgendwann beginnen wir uns auf diese Begegnungen mit uns selbst zu freuen. Wir erkennen, dass unter den Wellen aus Emotionen und Gedanken an der Oberfläche wertvolle Botschaften auf uns warten, und wir beginnen das Spiel des Lebens aus einer anderen Perspektive zu betrachten.

- Was ist das Schlimmste, das dir geschehen könnte, wenn du wirklich ehrlich zu dir selbst wärest?

Im Laufe meines bisherigen Lebens durfte ich vielen Menschen begegnen, deren Geschichten der Vergangenheit so schmerzhaft, erschreckend und manches Mal einfach nicht vorstellbar waren, weil allein die Gedanken daran bereits Übelkeit in mir hervorriefen: Es waren Menschen, die auf abartigste Weise sexuell missbraucht worden waren, Menschen, die mit tagtäglicher Gewalt und alkoholkranken Eltern aufgewachsen waren und nicht gewusst hatten, ob sie den nächsten Tag noch überleben würden, Menschen, die emotional missbraucht worden waren, Menschen, die selbst Täter waren …

Oder Menschen, die von Geburt an, durch Krankheiten, Unfälle oder Gewalteinwirkung durch andere Menschen eine drastische Einschränkung ihrer körperlichen Fähigkeiten erlebten.

Viele dieser Menschen sind heute kraftvolle, wache und glückliche Menschen. Wie ihnen das gelang? Sie hatten den Mut, die Verantwortung für sich und ihr Leben zu übernehmen, und sind mutig Schritt für Schritt ihren eigenen Weg gegangen.

Einen von vielen beispielhaften Menschen lernte ich während einer Inklusionsmesse kennen.
An den drei Tagen der Messe fand jeden Nachmittag ein Interview mit mir statt. An einem dieser Nachmittage hörte eine Frau zu, die nur noch ihren Kopf selbstständig bewegen konnte. Ich saß mit dem Moderator auf der Bühne und wir sprachen über mein Motto „Glücklichsein ist eine Wahl". Ich sah die Frau und mir schoss die Frage durch den Kopf: „Silke, was antwortest du ihr, wenn sie dich in der Fragerunde fragt, wie sie in ihrer Situation glücklich sein soll?" Da das Interview fortgeführt wurde, hatte ich keine Zeit, diesen Gedankengang weiter zu verfolgen. Am Ende des Interviews rief der Moderator dazu auf, Fragen zu stellen – und, wie „erwartet", meldete sich die Frau zu Wort. Sie tat dies über ihre persönliche Assistentin. Als der Moderator mit dem Mikrofon bei ihr war, sprach die Frau, stockend, mit langen Pausen zwischen den einzelnen Worten in das Mikro:

„Ich … kann … weder … meine … Beine … noch ... meine … Arme … bewegen … Ich … bin … ständig … auf … Hilfe … angewiesen … Ich … arbeite … und … ich … bin … glücklich …

Stille im Raum. Stille in mir.

Nach dem Interview ließ sie sich von ihrer Assistentin zur Bühne bringen. Unsere Augen begegneten sich – es war alles gesagt. Spontan griff ich in meinen Rucksack und schenkte ihr mein Erstlingswerk „Mein Weg in die Freiheit“. Ihre Augen strahlten und ihre Assistentin sagte: „Jetzt haben Sie sie noch glücklicher gemacht.“

Ob wir Verantwortung abgeben, können wir ganz einfach selbst erkunden. Um dieses Spiel mitzuspielen, brauchst du eventuell auch wieder Mut – den Mut, ehrlich zu dir selbst zu sein.

Sei mutig.
Probiere es einfach mal aus.

Einladung

Wenn du Lust hast, vervollständige folgende Sätze spontan und ohne großes Nachdenken:

Ich werde glücklich sein, wenn …
Ich werde frei sein, wenn …
Ich bin glücklich, wenn …
Ich bin frei, wenn …
Ich werde glücklich sein, wenn …
Ich werde frei sein, wenn …
Ich bin glücklich wenn …
Ich bin frei, wenn …
Ich werde glücklich sein, wenn …
Ich werde frei sein, wenn …

Jedes „wenn" zeigt dir, wo du Verantwortung abgibst. Das Spiel lässt sich so lange durchführen, bis dir die „wenn"-Antworten ausgehen.

VERANTWORTUNG

Verantwortung zu übernehmen, beginnt mit kleinen Schritten. Es sind die Dinge, die wir im ersten Moment oft gar nicht mit Verantwortung in Verbindung bringen. Wir sind es so sehr gewohnt, Verantwortung und Verpflichtung im Zusammenhang mit Arbeit und Familie zu leben, ohne je zu fragen, ob uns diese Form der Verantwortung und Verpflichtung entspricht. Ob sie dazu beiträgt, dass wir uns wohlfühlen und glücklich sind. Manchmal beginnt Verantwortung ganz einfach damit, dass wir beginnen, gut für uns selbst zu sorgen. Denn erst, wenn wir für unser Wohlergehen sorgen, wenn wir selbst glücklich und in Frieden sind, können wir wirklich angemessen andere Menschen unterstützen, wenn sie uns dazu einladen oder wir uns dazu berufen fühlen.
Wir leben in einer Zeit, in der viele Menschen unter Dauerstress stehen. Wir fühlen uns überfordert durch Hektik, Leistungsdruck und Konkurrenz. Wir haben den Eindruck, unserer Situation ausgeliefert zu sein und nicht „nein" sagen zu können oder zu dürfen, alles mitmachen zu müssen. Wir muten uns zu viel zu und der Mut, den es braucht, ehrlich zu uns selbst zu sein, um dies zu erkennen, scheint uns verlassen zu haben. Doch er ist stets da. Es gilt, ihn wieder in uns zu entdecken und zu leben.

Mut kann sich auch aus ungerechter Behandlung entwickeln und ganz oft zeigt er sich in Krisen- oder Notsituationen. In solchen Situationen verfügen wir über ungeahnte Kräfte und überschreiten mutig innere und äußere Grenzen.

Mein Symbol des Mutes

Mein Symbol für mutige Schritte fand ich im Scherbenlaufen. Vielleicht hast du das selber schon einmal ausprobiert oder bist bei einem Feuerlauf über einen wunderschönen Glutteppich gelaufen. Beides birgt unendlich viel Kraft, wenn wir es auf unser Leben übertragen. Ein Scherbenlauf kann für alles Mögliche genutzt werden. Wir können uns programmieren, unbeschadet über die Scherben zu gehen. Das mag ich nicht so. Ich bin kein Fan von dieser Art des Umprogrammierens. Ich mag es, wenn Wandlung aus freier Wahl und Erfahrung wächst.

Meinen ersten Scherbenlauf werde ich wohl nie vergessen. Zur Vorbereitung wurden Flaschen mit einem Hammer grob zerschlagen. Während ich zusah, wie der Berg Scherben anwuchs, meldete sich mein Bauch mit einem aufgewühlten Kribbeln. Adrenalin schoss durch meinen Körper. Ich war hellwach. Mein Fluchtinstinkt meldete „Gefahr im Anmarsch“. Die gesammelten Scherben wurden auf einem Tuch ausgebreitet und ehe ich mich versah, befand ich mich in der Vorbereitung zum Scherbenlauf. Als diese abgeschlossen war, fragte ich nach, ob das auch mit den Händen funktionieren würde. Die Antwort lautete: „Keine Ahnung. Das hat noch niemand gemacht. Was meinst du?“

Also reihte ich mich in die Schlange der Wartenden ein. Als ich vor den Scherben stand und den ersten Schritt in die Scherben machte, schaute ich auf. Was ich sah, amüsierte mich köstlich. Der Trainer saß da, vor Spannung nach vorne gebeugt, und bedeckte mit beiden Händen seine Augen. Mir war sofort klar, dass er überhaupt nicht wusste, wie es sein würde, mit Händen über die Scherben zu gehen. Ich war und bin ihm sehr dankbar, dass er mir seine Zweifel nicht gezeigt hatte. Diese hätten meine ängstlichen Gedanken und mein mulmiges Gefühl im Bauch nur verstärkt. Wer weiß, ob ich diesen Schritt gewagt hätte.

Heute gehört „über Scherben zu laufen" zu meinen kraftvollsten Symbolen. Für mich stehen die Scherben als Symbol für den ersten Schritt in etwas Neues. Sie stehen als Symbol für Mut und für die Erkenntnis, wie wichtig es ist, dass andere Menschen uns ermutigen oder zumindest ihre Zweifel für sich behalten. Manch einem Menschen dient der Scherbenlauf auch dazu, sich mutig zu entscheiden, diesen Schritt in die Scherben nicht zu gehen. Für viele ist dies das erste Mal, dass sie nicht mit einer „Herde" mitlaufen. Auch Kinder lieben den Scherbenlauf. Es ist eine wahre Freude, die Begeisterung zu erleben, wenn Menschen diesen Schritt wagen und völlig erstaunt über sich selbst nach der gewonnenen Erfahrung wiederauftauchen. Und ein flaues Gefühl gehört dazu. Ohne Angst – kein Mut.

Vier Jahre später habe ich dann auch das erste Mal den Gang über die Glut gewagt. Feuer ist ein Element, vor dem ich sehr hohen Respekt habe. Während der gesamten Vorbereitung auf den Feuerlauf war ich mir nicht sicher, ob ich diesen Schritt wirklich gehen würde. Ich hatte beschlossen, das genau dann zu entscheiden, wenn ich vor der Glut stünde. Als ich davorstand, entschied ich mich, den Gang zu wagen. Meine Befürchtungen, dass meine Haare Feuer fangen würden oder meine Rutschhose bei der Hitze schmelzen könnte, bewahrheiteten sich nicht. Auch meine Hände waren nach dem Feuerlauf in Ordnung – und das bei 900 Grad heißer Glut. Es ist schon fantastisch, was so alles möglich ist! Noch dreimal lief ich barhändig über die Glut. Die längste Glutbahn war 15 Meter lang.

Ob wir einen Fehler eingestehen, eigene Grenzen überwinden, unsere Meinung kundtun, uns authentisch zeigen, nein oder ja sagen, Möglichkeiten und Chance annehmen, uns selbst entdecken, für unsere Werte einstehen und nach ihnen leben, unsere Komfortzone verlassen und neues Terrain sondieren, für andere Menschen einstehen – all das erfordert Mut.

Für viele Menschen hat Mut erst einmal wenig mit dem Mut eines Helden zu tun. Für die meisten geht es darum, sich authentisch und unverstellt zu zeigen und zu sein: nicht mehr der Schauspieler zu sein, sondern der Drehbuchschreiber, seine Stärken und

Schwächen zu zeigen, die eigene Freiheit zu genießen, Fehler machen zu dürfen, ohne sich dafür zu verurteilen.

Wenn wir eines in unserer Welt brauchen, dann sind es mutige Menschen. Menschen, die ihren Mut wiederentdecken und zu einem Wegbegleiter ihres Lebens machen. Menschen, die mutig ihre Stimme erheben, um eine Welt in Freiheit und Frieden zu erschaffen – eine Welt mit glücklichen Menschen, unabhängig von ihrer Herkunft.

Menschen, die den Mut haben, zu träumen. Die groß und weit träumen. Über das Mögliche hinaus. Du musst noch nicht wissen, wie sich dein Traum erfüllt. Sei mutig und träume deinen Traum. Die Kraft deines Traumes wird dir den Weg weisen, dich durch Durststrecken tragen und dein Leuchtfeuer in dunkleren Stunden sein.

Mut zieht immer Mut nach sich. Wenn Mut gelebt wird, steht am Ende der Erfolg. Was erfolgreiche Menschen von erfolglosen Menschen unterscheidet, ist die Eigenschaft Mut. Die Bedeutung von Erfolg ist individuell unterschiedlich und nicht abhängig von gesellschaftlichen Maßstäben. Jeder von uns hat seine eigene Definition von Erfolg. Meine hat weniger etwas mit Geld, mit Status oder Macht zu tun – Dinge, die oft mit Erfolg gleichgesetzt werden. Erfolg bedeutet für mich, über mich selbst hinauszuwachsen, meine persönlichen Grenzen zu überschreiten, neue Welten zu erkunden, Erfahrungen zu sammeln. Wie erfüllt und glücklich sich mein Leben gestaltet, daran messe ich meinen Erfolg. Und, mit aller Bescheidenheit und einem verschmitzten Grinsen auf dem Gesicht, darf ich anerkennen, dass ich sehr erfolgreich bin.

In unseren größten Ängsten verbergen sich unsere größten Stärken. Wir brauchen Mut, um sie zu entdecken. Uns selbst bewusst zu machen, wie mutig wir bereits waren und jeden Tag wieder sind, kann als Anfang dienen, noch mutigere Schritte zu gehen. Wenn du keinerlei Dankbarkeit und keine Freude in dir finden kannst, dann sei mutig. Angewandter Mut verwandelt sich in Dankbarkeit, Freude und Vertrauen.

Mut ist die Kraft, die neue Welten erschafft.

MUT

Fragen, die mich unterstützen

- Wovor habe ich Angst?
- Was ist das Schlimmste, das mir passieren könnte?
- Bin ich mir sicher, dass das geschehen wird?
- Kenne ich Beispiele, die mir zeigen, dass es auch gut ausgehen kann?
- In welchen Situationen war ich bereits mutig?
- Welche Situationen habe ich gemeistert, obwohl ich Angst hatte?
- Wie oft war ich mutig, obwohl ich am liebsten davongerannt wäre?
- Was brauche ich, um Mut als beständigen Begleiter in mein Leben einzuladen?

Raum für eigene Gedanken ...

Ich wünsche dir Mut, zu dir selber zu stehen,
sodass deine Einzigartigkeit wird gesehen.

Ich wünsche dir Mut, dich von Altem zu lösen,
um so deine Gegenwart zu erlösen.

Ich wünsche dir Mut, um dir zu lauschen,
dich an dir selber zu berauschen.

Ich wünsche dir Mut, dich zu entfalten,
nichts, rein gar nichts zurückzuhalten.

Ich wünsche dir Mut, auf all deinen Wegen,
leuchtend zu staunen, was du kannst bewegen.

Ich wünsche dir Mut, das Unmögliche zu träumen,
vermeintliche Barrieren aus dem Weg zu räumen.

Ich wünsche dir Mut, glücklich zu leben,
das ist für dich und die Welt der höchste Segen.

Mut sprang kraftvoll federnd in meinen Glückskoffer. Er nahm ziemlich viel Raum ein, sodass Dankbarkeit, Freude und Humor beschlossen, ihm den Platz in der Mitte zu schenken. Als Mut seinen Platz einnahm, geschah etwas Wundervolles: Mut begann zu leuchten. Immer stärker strahlte das Licht, sodass es fast meine Augen blendete. Das Leuchten hüllte sanft die Dankbarkeit, Freude und den Humor ein. Zart begannen sich ihre Farben mit dem Licht des Mutes zu verbinden. Es sah aus, als ob sie miteinander verschmelzen. Doch zu meiner Überraschung bündelte sich ihr Licht und formte sich zu einem Geschenk. Ein Geschenk, verpackt in seidig glänzendem goldenen Papier. Eine rote Schleife zierte dieses zauberhafte Päckchen. Humor nahm das Geschenk und schmiss es mit einem herzerfrischenden Lachen vor meine nicht vorhandenen Füße. Ich konnte es kaum erwarten, das goldene Päckchen mit der roten Schleife zu öffnen. Was würde sich mir offenbaren? Ein tiefes Gefühl von Dankbarkeit breitete sich in mir aus, als eine erste zarte Ahnung in mir erwachte. Es war ein weiterer Schatz. Dessen war ich mir sicher. Vorsichtig begann ich das Päckchen zu öffnen …

DAS GESCHENK

Ein Schatz, geboren aus der gebündelten Kraft meines Glückskoffers, offenbarte sich mir in seiner ganzen Pracht. Ein Schatz, mit dem wir geboren werden und den wir doch so oft, auf dem Weg in das Erwachsenenleben, zu verlieren scheinen. Das goldene Päckchen enthielt etwas so unendlich Wertvolles. In warmem Rot lag mein Geschenk leuchtend vor mir. Ich erkannte es sofort. So oft dachte ich, es verloren zu haben. Doch mit meinen vier Glücksschätzen gelang es mir, diesen Schatz wieder für mich zu gewinnen. Er ist es, der mich immer wieder daran erinnert, wie einfach das Leben sein kann. Durch ihn habe ich gelernt, tief und wahrhaftig zu lieben, loslassen zu können, wenn die Zeit dafür gekommen ist, meine Kinder ihre Wege gehen zu lassen, sichere Arbeitsplätze zu verlassen, ohne zu wissen, wie es weitergehen wird. Meiner Berufung zu folgen, auch wenn ich nicht wusste, wohin sie mich führt. Und noch so vieles mehr.

Mein Geschenk trägt einen wunderschönen Namen. Es heißt …

FREIHEIT

Freiheit

So wie wir unser Unglücklichsein wählen, so wählen wir auch unsere Unfreiheit. Wir haben sie gewählt – und dann vergessen, dass wir sie gewählt haben. Diese Wahl hatte vielfältige Gründe, doch für eine neue Wahl sind diese irrelevant. Wir können jederzeit eine neue Wahl treffen, denn echte Freiheit beginnt stets mit innerer Freiheit. Sind wir innerlich frei, hängt unser Glück nicht mehr von äußeren Gegebenheiten, Lebensumständen oder anderen Menschen ab. Wollen wir sie ändern, schenkt uns innere Freiheit die notwendige Kraft und Klarheit zum Handeln.
In so vielen Dingen haben wir ein Maß an Freiheit erreicht, wie es einmalig in der Menschheitsgeschichte ist, und doch fühlen wir uns oft unfrei und abhängig. Wir sind mobil, wie noch nie zuvor, wir können zwischen verschiedenen Berufen wählen, weltweit auf Informationen zugreifen, sind überall und zu jeder Zeit erreichbar, können in kurzer Zeit fremde Länder bereisen und vieles mehr. Doch sind wir damit glücklich? Fühlen wir uns dadurch wirklich freier?

Es sieht nicht so aus. Ängste scheinen zuzunehmen, die Informationsüberflutung führt zu Verwirrungen und wüsten Formen von Schnellverurteilungen. Wie ängstlich wir in uns sind, zeigt das Maß der Unfreiheit in unserem Leben. Doch Angst kann uns niemand da draußen nehmen. Das zeigen ganz deutlich die aktuellsten Geschehnisse auf unserem wundervollen Planeten. Seien es Kriege, Terroranschläge, Naturkatastrophen oder die ganz individuellen, persönlichen Erlebnisse, die uns dies klar vor Augen führen. Da hilft keine Sozial-, Renten- oder Lebensversicherung oder das Hochfahren der Kontrollmechanismen. Das ist eine Scheinsicherheit. Schauen wir unsere Ängste genau an, erkennen wir, dass es im Kern stets um die Angst vor Verlust, die Angst vor Mangel, die Angst vor dem Tod geht. Unsere Angst möchte uns schützen. Doch sie kann es nicht. Das ist dir klar, oder? Sie möchte uns vor den vielen kleinen Toden, die wir vor dem letztendlichen Finale erleben, schützen. Sei es, dass Beziehungen sterben, Geld sich verflüchtigt, wir unseren Arbeitsplatz verlieren oder sonstige Verluste. Am Ende steht der Verlust des Lebens. Davor möchte die Angst uns schützen, doch der Verlust unseres Lebens ist sicher. Die einzige Sicherheit, die wir wirklich haben. Es ist schon paradox, dass wir versuchen, unser Leben auf Teufel komm raus abzusichern, uns unserer Lebensfreude berauben und doch wissen, dass die einzige Sicherheit im Tod liegt.

Wie wäre ein Leben frei von Angst? Oder zumindest so, dass der Angst nicht mehr diese Bedeutung geschenkt wird, die wir ihr normalerweise zubilligen? Wenn wir sie einfach wahrnehmen, doch nicht aus ihr handeln? Wenn Mut unsere Angst an die

Hand nähme und ihr zeigte, dass die scheinbare Mauer nur aus Pappdeckeln besteht? Was wäre das für ein Leben? Wie würde es sich anfühlen, ab jetzt nur noch das zu tun, was am Ende wirklich zählt? Damit aufzuhören, Kleinkriege und große Kriege zu führen, uns gegenseitig zu erzählen, aus welchen Gründen etwas nicht geht, und stattdessen Raum für frische Möglichkeiten zu schaffen? Aufhören uns in Beziehungen zu verleugnen?

Wie wäre es, damit zu beginnen, Dankbarkeit, Freude, Humor und Mut in unser Leben einzuladen? Als Unterstützer für ein glückliches Leben, welches uns als Geschenk Freiheit überreicht?

Ein glücklicher Mensch, der in Frieden mit sich sein Leben lebt, wird niemals einem anderen Lebewesen Schmerz oder Schaden zufügen. Wir würden in Frieden leben. In Freiheit.

Meine vier Glücksschätze ebneten für mich den Weg in die Freiheit. Ich wünsche mir sehr, dass sie auch dir auf deinem Weg in ein glückliches, freies, grenzenloses Leben dienen.

Dies können sie nur, wenn du sie anwendest – doch wenn du sie anwendest, werden sie auch dir das wundervolle Geschenk der Freiheit reichen. Ein Leben in Freiheit. Voller Freude, nährenden, erfüllenden Beziehungen und innerem Frieden.

FREIHEIT

Glücklichsein ist eine Wahl

Es ist **deine** Wahl. Doch bevor du sie triffst, lass mich dir drei Sichtweisen näherbringen, die dich auf deinem Weg in ein glückliches Leben unterstützen können. Mir geht es nicht um das althergebrachte Beispiel des halb vollen oder halb leeren Glases. Mir ist es im Grunde ziemlich schnuppe, ob es halb leer oder halb voll ist: Für mich ist es einfach zur Hälfte gefüllt. Durch das Herausnehmen der Bewertung eröffnet sich mir ein Raum voller Möglichkeiten. Da das Bewerten und Vergleichen jedoch etwas ist, was oft unbewusst abläuft, zeigt die Art und Weise, wie wir Situationen, Erfahrungen und Erlebnisse interpretieren, tendenziell die Ausrichtung unserer Konditionierungen und Überzeugungen. Also, der Dinge, die wir gelernt, übernommen oder uns selbst beigebracht haben. Findest du dich immer wieder in Situationen, die du als unangenehm empfindest, kannst du davon ausgehen, dass du eher zum „Halb-leer-Typ" zählst. Wenn du diesen unangenehmen Situationen viel Zeit in Form von Gedanken, Emotionen und am besten noch Gesprächen widmest, sagt dein Gehirn: „Wow, das muss sehr wichtig sein, wenn so viel Energie darauf gelenkt wird. Das merk ich mir, dann finde ich das Entsprechende schneller und viel mehr solcher Situationen." Berücksichtigst du nun, dass dein Gehirn genau das ausführt, was du ihm als „wichtig“ mitgeteilt hast, kannst du dir vielleicht vorstellen, was geschieht. Der Fokus deines Gehirns legt sich genau auf das, was du eigentlich nicht willst. Da kannst du ihm noch hundertmal mitteilen, dass du das so nicht willst. Wenn du wirklich möchtest, dass dein Gehirn seinen Fokus ändert, musst du ihm mitteilen, dass du eine neue Wahl getroffen hast. Das bedeutet: Du sorgst dafür, dass deine Gedanken und Emotionen sich mehr mit den von dir gewünschten Ereignissen beschäftigen als mit den unerwünschten.

Drei Sichtweisen, die dich dabei unterstützen können:

1

Werde dir bewusst, dass dieses wundervolle und schöpferische Ding zwischen deinen Ohren, welches allgemein Gehirn genannt wird, dazu da ist, dich zu unterstützen und dir zu dienen.
Auch wenn du immer wieder den Eindruck hast, dass du keinen Einfluss nehmen kannst, weil deine Gedanken und Emotionen sich überschlagen, bedeutet dies nicht, dass du ihnen ausgeliefert bist. Solche Situationen kannst du am einfachsten mit Bewegung beruhigen. Bewege deinen Körper in einer Form, dass er ins Schwitzen kommt. Tanze, renne, mach Liegestütze, was immer dir auch einfällt, oder schrei deinen Schmerz, deinen Ärger, deinen Frust laut in die Welt. Ich habe das oft im Auto gemacht. Sah für entgegenkommende Fahrer sicher lustig aus.

2

Erkenne deine Emotionen als das, was sie sind: Gradmesser deiner Bedürfniserfüllung.

Jeder Mensch hat Bedürfnisse. Das ist ganz normal. Nur die Art und Weise, wie Menschen versuchen, sie zu befriedigen, unterscheidet sich.

Grundsätzlich zeigen unangenehme Emotionen, dass deine Bedürfnisse nicht erfüllt werden. Angenehme Emotionen hingegen zeigen dir, dass deine Bedürfnisse erfüllt worden sind. Dann freuen sie sich und belohnen dich mit einem Glückscocktail. Deine Gedanken, die mit der Emotion einhergehen, bringen dich auf die Spur, welches Bedürfnis gerade nach Aufmerksamkeit schreit.

3

Höre auf, deine Emotionen zu bewerten.

Wenn du dich freust, dann freue dich. Wenn du traurig bist, dann sei traurig. Wenn du dich ärgerst, dann ärgere dich. Wenn du wütend bist, sei wütend. Das Einzige, was du dabei im Sinn halten solltest ist:

Deine Gedanken und Emotionen spiegeln dir niemals die Wirklichkeit. Sie zeigen dir deine Interpretation der Wirklichkeit. Das kannst du daran erkennen, dass das, was für dich ein Problem darstellen mag, für mich wahrscheinlich keines wäre und umgekehrt. Die Situation ist die gleiche, doch ich übersetze sie anders. Das ist der einzige Unterschied.

Unangenehme Emotionen verstärken sich, wenn wir sie „nicht haben wollen", sprich: gegen sie kämpfen. Nimm sie zu Beginn einfach als das, was sie sind: Energie in Bewegung. Diese Energie ist weder gut noch schlecht. Wohin sie sich bewegen wird, wählst du. Solange deine Wahl unbewusst abläuft, fühlst du dich machtlos, doch sobald dir bewusst wird, dass du die Chefin oder der Boss bist, kannst du beginnen, sie in die Richtung zu bewegen, die du dir wünschst.

Beginnst du deinen Koffer voller Glück zu packen, wirst du entdecken, dass all deine Emotionen, ob angenehm oder unangenehm, im Kern etwas Wertvolles für dich bereithalten.

IST EINE WAHL

Der Suchende hält seinen Blick gesenkt,
sein Denken vom Gesuchten gelenkt.
Schönheit und Zauber am Wegesrand,
bleiben für ihn unerkannt.
Seine Wirklichkeit trüb und leer,
bestätigt sein Suchen immer mehr.
Doch findet er nichts, was ihn beglückt,
glückliche Wirklichkeit in weite Ferne gerückt.

Des Finders Blick nach oben gerichtet,
weit und frei sein Denken sich lichtet.
Schönheit und Zauber am Wegesrand,
für ihn ein Geschenk, vom Himmel gesandt.
Seine Wirklichkeit prachtvoll erblüht,
vom Wunder des Lebens tief berührt.
Ein Koffer voller Glück seinen Weg ihm ebnet,
glückliche Wirklichkeit mit Reichtum gesegnet.

Du bist dran – packe deinen Koffer voller Glück

Es mag sein, dass dir andere Qualitäten wichtiger erscheinen als die vier, die ich in meinen Koffer gepackt habe, doch zur Übung empfehle ich dir, die vier Qualitäten Dankbarkeit, Freude, Humor und Mut (wieder) in dein Leben einzuladen.

Wie machst du das? Mit kontinuierlicher Handlung. Wissen alleine reicht nicht. Es unterstützt dich nur, wenn du es in wiederholte Handlung umsetzt.

Um dir den Beginn ein wenig zu vereinfachen, findest du im Kapitel „28 Tage für dein Glück“ eine Anleitung, mit der du deinen ganz persönlichen Koffer packen kannst. Bist du bereit, dich 28 Tage auf deine persönliche Glücksreise zu begeben?

Deine Reise wird sich in vier Wochen à sieben Tage unterteilen. In jeder Woche steht das Finden einer der vier Qualitäten im Mittelpunkt. Zu jedem Glücksschatz findest du zwei Handlungen: eine Tageshandlung, die du jeden Tag durchführst, und eine Wochenhandlung. Diese kannst du an einem beliebigen Tag deiner Wahl durchführen.

Setzt du einen Tag aus, beginnst du wieder bei Tag 1, auch wenn du bereits bei Tag 22 warst. Es ist wesentlich, dass du kontinuierlich dranbleibst, damit dein Gehirn lernt, seinen Fokus automatisch in die gewünschte Richtung zu lenken. Zeige ihm, dass es dir wichtig ist, indem du dranbleibst. Unabhängig davon, wie du dich gerade fühlst oder ob du der Meinung bist, dass du heute keine Zeit dafür findest. Das ist ähnlich wie mit der Angst und dem Mut. Nimm deine innere Abwehr wahr UND handle entgegengesetzt, indem du deine Tageshandlung ausführst. Wie oft in deinem Leben tust du etwas, wozu du keine Lust hast und was ganz sicher nicht deinem Wohlbefinden dient? Wie zum Beispiel an Familienfeiern teilzunehmen, bei denen du dich langweilst, oder Ähnliches. Genau diese Kraft nutzt du jetzt für dein Wohlbefinden und Glück.

Deinen Handlungen schenkst du am Tag 15 bis 30 Minuten. Diese Minuten sollten dir dein Glück und das Glück der Menschen, die dich umgeben, wert sein. Ist dir das zu aufwendig, beantworte dir ehrlich die Fragen, ob du überhaupt glücklich sein möchtest – oder ob dir dein Unglücklichsein vielleicht bereits ein Geschenk überreicht, welches für dich sehr wichtig ist. Wenn es uns schlecht geht, werden uns viele Geschenke überreicht. Wir erhalten Aufmerksamkeit, wir können Verantwortung einfacher abgeben, wir finden jemanden, dem es ähnlich geht, mit dem wir gemeinsam unser Unglück zelebrieren können. Das schafft ein

Gefühl der Verbundenheit. Wir fühlen uns sicher, auch wenn es noch so unangenehm ist. Was auch immer für ein Geschenk es bei dir ist, hab den Mut, dir ehrlich zu begegnen, und höre auf, Ausreden zu finden, wieso du deinem Leben keine Wendung in Richtung Glück schenkst.

4 Wochen = 28 Tage
je 1 Wochenhandlung pro Glücksschatz
je 1 Tageshandlung pro Glücksschatz
je 10 – 30 Minuten pro Tag

DANKBARKEIT
FREUDE
HUMOR
MUT

WOCHE I
DANKBARKEIT

Um Dankbarkeit zu einer inneren Haltung werden zu lassen, ist es wesentlich, zuerst einmal all die Dinge und Menschen, die wir bisher als selbstverständlich betrachtet haben, wieder anzuerkennen und wertzuschätzen.

Tageshandlung:
Jeden Morgen, bevor du in den Tag startest, oder jeden Abend, wenn der Tag sich dem Ende neigt, nimmst du dir etwas Zeit und beantwortest folgende Frage:

- Wofür bin ich heute bzw. war ich gestern dankbar oder könnte ich dankbar sein?

Notiere mindestens drei Ereignisse, Situationen oder Dinge, für die du dankbar bist.

Schreib einfach die Ereignisse des Tages bzw. des vergangenen Tages auf, für die du dankbar bist oder sein könntest.
Es kann das Lächeln eines Menschen gewesen sein, ein Gespräch, vielleicht hast du auch ein Geschenk bekommen. Vielleicht warst du unterwegs und bist heil und gesund wieder zu Hause angekommen. Es kann der erste Sonnenstrahl nach einem Regentag sein, die Tatsache, dass heute kein Stau war, dass der Zahnarzt nichts zum Bohren gefunden hat – schreib auf, was dir in den Sinn kommt.
Wenn du gar nichts findest, wofür du dankbar sein kannst, dann beginne ganz einfach damit, dankbar für das fließende Wasser zu sein, welches aus dem Wasserhahn kommt, oder für das Dach über deinem Kopf. Weißt du, das hat nicht jeder. Beginne mit den für dich selbstverständlichsten Dingen. Selbst wenn du dir dabei noch so seltsam vorkommst und dein Verstand dir mitteilt, dass das der größte Unsinn ist: schreibe!

Wochenhandlung:

An einem der sieben Tage dieser Dankbarkeitswoche nimmst du dir Zeit und schreibst einen Brief oder eine Postkarte an einen Menschen, der dir wichtig ist.
Schreibe ihm, wieso er wichtig für dich ist, und bedanke dich für seine Anwesenheit in deinem Leben.
E-Mail, WhatsApp, SMS, Facebook oder sonstige virtuelle Nachrichtenübermittler zählen nicht!

Was Dankbarkeit konkret für dich und in deinem Leben bewirkt:

- Du wirst generell zufriedener mit deinem Leben.
- Deine Beziehungen erblühen.
- Dein Selbstwertgefühl steigt.
- Du gehst Probleme schneller an.
- Du schläfst besser.
- Du wirst stressresistenter.
- Du siehst mehr Möglichkeiten.
- Du bittest leichter um Unterstützung.
- Du kommst einfacher und leichter mit Veränderungen klar.
- Du wirst gern gesehener Gast im Leben anderer Menschen.

DANKBARKEIT

GLÜCK

WOCHE II
FREUDE

Freude ist eine Emotion, welche durch unsere Gedanken und unser Verhalten ausgelöst wird. So wie wir es meist relativ schnell schaffen, uns in der Spirale der freudlosen Gedanken nach unten zu manövrieren, so können wir auch lernen, die Spirale nach oben zu öffnen, indem wir üben, unseren Blick für die Schönheit und die vielfältigen Möglichkeiten zu öffnen und zu erhalten.

Tageshandlung:

Jeden Morgen, bevor du in den Tag startest, oder jeden Abend, wenn der Tag sich dem Ende neigt, nimmst du dir etwas Zeit und beantwortest folgende Frage:

- Worüber habe ich mich heute bzw. gestern gefreut oder hätte ich mich freuen können?

Notiere mindestens drei Ereignisse, Situationen oder Dinge, über die du dich gefreut hast.
Wenn es dir schwerfällt, etwas zu finden, was dich erfreut hat, schreibe auf, worüber du dich hättest freuen können, wenn du

gewollt hättest. Was hat dich mit Freude erfüllt? War es ein Blick, ein Wort, eine freundliche Geste? Ein Essen mit Freunden? Was genau hat dich daran erfreut? Das Zusammensein, das Essen, die zuvorkommende Bedienung? Was war es konkret? Momente mit deinem Partner, deinen Kindern? Die Blumen am Wegesrand? Ein genussvolles Bad? Ein Lob? Was auch immer dein Herz erfreut oder hätte erfreuen können – schreib es auf!

Wochenhandlung:
Mache drei Menschen in deiner Umgebung eine Freude.
Das kann ein Lob sein, eine kleine Aufmerksamkeit, ein Lächeln, ein Dankeschön.

Was Freude konkret für dich und in deinem Leben bewirkt:

- Du aktivierst das kreative Potenzial zwischen deinen Ohren.
- Du engagierst dich stärker.
- Du bist kreativer.
- Du hast mehr überraschende Einfälle und Ideen.
- Du bist ein Magnet für andere Menschen.
- Du bist weltoffener.

GLÜCK

FREUDE

WOCHE III
HUMOR

Lachen steigert die Lebensqualität unmittelbar. Unser Körper schüttet Glückshormone aus, der Blutdruck sinkt, das Immunsystem wird gestärkt – wir entspannen. Ob wir über komische Alltagssituationen, Bücher, Filme oder Witze lachen oder über uns selbst, spielt dabei keine Rolle.

Tageshandlung:
Jeden Morgen, bevor du in den Tag startest, oder jeden Abend, wenn der Tag sich dem Ende neigt, nimmst du dir etwas Zeit und beantwortest folgende Frage:

- Worüber habe ich heute bzw. gestern so richtig gelacht?

Notiere mindestens drei Ereignisse, Situationen oder Dinge, über die du herzhaft gelacht hast.
Wenn es dir schwerfällt, etwas zu finden, was dich so richtig zum Lachen gebracht hat, schreibe auf, worüber du hättest lachen können, wenn du gewollt hättest. Welche Situation oder welches Verhalten hast du mit den Augen eines Clowns betrachtet oder

hättest sie so betrachten können? Wo hast du humorvoll reagiert oder hättest es tun können? Welche deiner Verhaltensweisen bringen dich selbst zum Lachen oder könnten dich zum Lachen bringen, wenn du deinen Blickwinkel veränderst und die Komik darin erkennst?

Wochenhandlung:

Nimm eine aktuelle oder vergangene Situation, in der du dich geärgert hast. Stell dich hin und singe: „Juhuu, juhei, ich habe mich so geärgert. Oh, wie fein, dass ich mich so ärgern kann. Juhuu, juhei, was bin ich doch für ein Überraschungsei!“ Du kannst dabei natürlich auch gerne tanzen.
Diese Übung mag dir seltsam erscheinen, doch sie hat sehr viel Kraft. Probiere es aus. Ich mache das zum Beispiel auch, wenn mir eine Tasse herunterfällt und in Scherben vor mir liegt. Dann ärgere ich mich im ersten Moment über meine Schusseligkeit und dann fange ich an zu singen: „Oh, ich bin so schusselig. Wo soll das noch hinführen. Ja, sag mir, wo soll das hinführen. Lalalala …“ Und das zur Melodie des Liedes: „Sag mir, wo die Blumen sind, wo sind sie geblieben.“ So macht das Ärgern richtig Spaß.

Was dein Humor konkret für dich und in deinem Leben bewirkt:

- Du gewinnst Mitmenschen einfacher für dich.
- Du kannst leichter die Perspektive wechseln.
- Du entspannst dein gesamtes System (Körper, Geist, Seele).
- Du schaffst Raum für neue, frische Möglichkeiten.
- Du begegnest schwierigen Situationen gelassener.
- Du entwickelst Einfühlungsvermögen.
- Du schärfst dein Bauchgefühl.
- Du stärkst dein Selbstbewusstsein.

HUMOR

GLÜCK

ENDSPURT

WOCHE IV
MUT

Mut ist die Fähigkeit, dich selbst zum Handeln zu bewegen, obwohl du Angst hast.

Tageshandlung:
Jeden Morgen, bevor du in den Tag startest, oder jeden Abend, wenn der Tag sich dem Ende neigt, nimmst du dir etwas Zeit und beantwortest folgende Frage:

- In welchen Situationen war ich bereits mutig, was habe ich gemeistert, obwohl ich Angst hatte?

Notiere mindestens drei Ereignisse oder Situationen, in denen du bereits mutig warst.
Wenn es dir schwerfällt, etwas zu finden, da du bisher davon ausgegangen bist, dass du nicht mutig bist, wirf deinen Blick weiter zurück in deine Vergangenheit. Du warst mutig, sonst würdest du heute nicht laufen. Wenn dir nichts einfällt, dann beginne mit diesen Dingen. Das mag dir zu Beginn komisch vorkommen, da du diese Dinge als selbstverständlich betrachtest, doch damals,

als du laufen lerntest, warst du mutig. Obwohl du oft hingefallen bist, bist du wieder aufgestanden und erneut losgelaufen. Du kanntest das Risiko, eventuell wieder hinzufallen, und doch hast du es wieder gewagt.
Manchmal braucht unser Mut ein wenig Zeit, um sich zu zeigen. Vor allem dann, wenn er lange Zeit nicht beachtet worden ist.

Wochenhandlung:
Tue etwas, was du bisher nicht getan hast, weil du Angst hattest. Nimm nicht gleich die größte Herausforderung, wie deinen Job zu kündigen oder eine Beziehung zu beenden. Fang mit einem kleinen Schritt an.
Was würdest du tun, wenn du keine Angst hättest? Vielleicht ein Gespräch führen, das du schon lange führen wolltest? Eine Frage aussprechen, die du stellen möchtest? Einen fremden Ort besuchen? Einen fremden Menschen ansprechen? Was auch immer.

Was dein Mut konkret für dich und in deinem Leben bewirkt:

- Mit Mut entdeckst du deine größten Talente und Fähigkeiten.
- Du wirst bewusster.
- Du zeigst Eigeninitiative.
- Du übernimmst Verantwortung.
- Du schaffst Raum für neue Erfahrungen, Erlebnisse und

Möglichkeiten.
- Du förderst dein persönliches Wachstum.

Mut ist individuell. Mut ist die Kraft hinter deinen ganz persönlichen Siegen. Deinen Mut einzuladen, deinen tiefsten Wünschen zu lauschen, ist nichts, was einer Übereinstimmung mit anderen bedarf.

MUT
GLÜCK

Dankbarkeit und Freude sind die wesentlichsten Elemente für ein Leben in Glück und Zufriedenheit. Humor unterstützt sie und Mut eröffnet neue Welten.

Begibst du dich auf deine persönliche Abenteuerreise, wirst du bereits nach diesen vier Wochen einen wesentlichen Unterschied in dir und deinem Leben bemerken.

Führe dein Glückstagebuch danach weiter, so wie du es für dich stimmig und angemessen empfindest. Nach einer gewissen Zeit, das ist von Mensch zu Mensch unterschiedlich, da jeder an seinem ganz individuellen Entwicklungs- und Wachstumspunkt steht, wirst du bemerken, dass du das Glückstagebuch nicht mehr brauchst, um dich zu erinnern. Dein Tagebuch entwickelte sich zu einem Erfüllungsbuch. Aus Wissen wurde Erfahrung und selbst in den dunkelsten Stunden wirst du von nun an ein Strahlen entsenden, welches auch anderen Menschen Freude, Mut und Hoffnung schenkt.

Der Ruf deines Herzens

Wir sind keine Maschinen, wir sind Menschen. Menschen, geboren mit einer tiefen Sehnsucht im Herzen. Einer Sehnsucht, die im Trubel des Alltags und unserer persönlichen Nabelschau oftmals überlagert wird.

Die „28 Tage für dein Glück“ dienen dir, deine Gedanken und Emotionen immer mehr in Richtung Glück zu lenken. Dein Leben wird sich wesentlich erfüllter, freudiger, friedlicher und freier gestalten. Und sie schenken dir den Raum und die Zeit, dem Ruf deines Herzens, dieser tiefen Sehnsucht in dir, wieder zu lauschen – und ihr zu folgen.

Wozu sind wir hier? Hat dieses oftmals so verwirrende Leben wirklich einen Sinn? Wofür sind all die Erfahrungen gut? Das sind Fragen, die mich lange umgetrieben haben. Blicke ich heute zurück, darf ich erkennen, dass die Antworten auf diese Frage bereits in mir waren. Ich habe sie nur nicht erkannt.

In meinem Leben ging es stets um Freiheit. Meine persönliche Freiheit und Freiheit für andere Menschen. Nach meinem Unfall hatte die Wiedererlangung meiner Bewegungsfreiheit höchste

Priorität, in meiner Jugend lebte ich die Freiheit des Entdeckens und des Experimentierens, in späteren Jahren ging es um die Überwindung beruflicher und finanzieller Grenzen und um Freiheit in zwischenmenschlichen Beziehungen. Meine persönlich tiefste Form der Freiheit fand ich im Tod. Erst diese Begegnungen mit dem essenziellsten Thema, welchem wir uns in unserem Leben stellen dürfen, ließ mich den Geschmack von Freiheit wirklich erkennen.

Als ich diesen besonderen Geschmack der Freiheit erkannte, machte ich mich auf den Weg, ihn in mein Leben zu integrieren.

Als Erstes durfte ich erkennen, wie kraft- und machtvoll meine Gedanken und Emotionen sind, und lernen, diese Kraft in die Richtung zu lenken, die ich mir wünschte. Am einfachsten und effektivsten lernst du das, indem du deine Glücksmomente sammelst, Freudenfunken erfasst, „Danke" sagst, Mut findest. All das, was ich dir im Kapitel „28 Tage für dein Glück" so eindringlich ans Herz lege.

Sind die vier Qualitäten – Dankbarkeit, Freude, Humor und Mut – beständige Begleiter in deinem Leben, tritt der Ruf deines Herzens klarer hervor und du kannst beginnen, ihm wieder zu lauschen und deine ersten Schritte in die Erfüllung deiner tiefsten Sehnsucht zu gehen. Und ja, vielleicht wirst du dich zwischendurch verlaufen oder deinen Ruf an fremden Orten suchen. Das habe ich auch getan. Es waren lehrreiche Erfahrungen, bis ich begriff, dass mein Ruf ein ganz persönliches Date mit mir selbst ist. Erst als ich mir die Zeit und den Raum für diese persönliche Begegnung nahm, gelang es mir, meinen Ruf des Herzens in Worte zu kleiden. Die Melodie, mit der sie erklingen, trägt den Klang meiner Seele. Einzigartig und unverwechselbar.

Vielleicht habe ich dich jetzt einer Illusion beraubt. Der Illusion, dass über Nacht ein Engel kommt und dir deine tiefsten Wünsche einfach so erfüllt. Bei den meisten Menschen ist dies nicht der Fall. Die meisten Menschen dürfen dafür etwas tun. Doch ob sich dein Tun einfach und freudig gestaltet oder schwer und mühsam, das entscheidet jeder Mensch für sich selbst.

Der Ruf deines Herzens ist bereits in dir. Du findest ihn nicht dort draußen in der großen, weiten Welt. Er zeigt sich nicht immer mit einem Paukenschlag und die Dinge, die der Welt wichtig sind, interessieren ihn nicht. Du hast seine Kraft bereits gespürt. Vielleicht ist es eine Weile her, doch du hast sie ganz sicher schon gespürt. Diese Kraft, die dich immer wieder einen neuen Versuch starten lässt. Die dich nicht in Ruhe lässt, bis du ihr Gehör schenkst und ihr folgst.

Wenn du den Ruf deines Herzens kennst, wird alles, was du tust, aus einer tieferen Quelle genährt.

- Kennst du den Ruf deines Herzens?
- Deine tiefste Sehnsucht?
- Den Sinn deines Lebens?
- Weißt du, wofür du hier bist?

Lausche den Antworten in dir und hab den Mut, ihren Spuren zu folgen.

Doch zuerst: Packe deinen Koffer voller Glück!

Dankbaren Blickes schaust du in die Welt,
siehst, wie Freude deinen Weg erhellt.
Den Clown in dir zum Leben erweckt,
mutigen Schrittes neue Welten entdeckt.
Dein Koffer voller Glück erstrahlt zu wahrer Pracht,
der Ruf deines Herzens sanft zum Leben erwacht.

Glücksschätze und sanfte Arschtritte

Ich habe einen Traum. Einen Traum von einer friedlichen, freien und grenzenlosen Welt. Und ich weiß, es sind viele, die ähnlich träumen. Du magst denken, das sei naiv, doch in Träumen beginnt die Verantwortung. Ein Traum, von vielen geträumt und durch Handlung belebt, wird Wirklichkeit.

Mein Koffer und ich ziehen jetzt weiter. Wir haben noch einiges zu tun. Wir werden weiter dem Ruf unseres Herzens folgen und Glücksschätze mit der Welt teilen. Einigen Menschen werden wir sanft und bestimmt auf die Füße treten. Menschen, denen einzig und allein der Mut fehlt, einen ersten Schritt in ihre Freiheit zu gehen, die noch immer davon überzeugt sind, dass sie in und an ihrer Situation nichts ändern können, und kostbare Zeit vertrödeln. Wir werden ihnen auf die Füße und in den süßen Hintern treten. Sanft und bestimmt. Das Treten übernimmt mein Koffer dankbar, mutig und mit steigernder Begeisterung.

Weißt du, es gibt Zeiten, da braucht es Ruhe zur Besinnung, um innezuhalten, um sich selbst zu erkennen. Doch dann gibt es einen Punkt, an dem geht es einfach nur darum, wieder in

Bewegung zu kommen. Einen ersten, mutigen Schritt zu wagen. Vielleicht ist dein erster Schritt, wieder zu erkennen, welch ein reiches Leben du bereits führst, indem du dir deine vier wundervollen Schätze in deinen Glückskoffer packst.

Nachwort

Glück und Sinn des eigenen Lebens sind individuell.

So individuell wie jeder Stern des Universums, jeder Wassertropfen der Ozeane und jedes Sandkorn auf Erden. So unvergleichlich wie das persönliche Glück und der Sinn des Lebens für jeden Menschen sind, so unvergleichlich ist auch das Leben jedes Menschen.

Was das Leben so wertvoll erscheinen lässt, ist der Faktor Zeit, denn es wird durch unsere Geburt und unseren Tod begrenzt. Die Zeit dazwischen nennen wir Leben. Diesen begrenzten Zeitraum mit Leben zu erfüllen ist unsere Aufgabe. Diese Zeit lebendig zu gestalten, unseren innersten Werten entsprechend, unter keinen Umständen unser wahres Selbst für die Verführungen der Welt aufzugeben – das unterscheidet ein Oberflächenleben von einem zutiefst erfüllten, glücklichen Leben. Sich zu keiner Zeit zufrieden zu geben mit den bisherigen Antworten, weiter zu forschen und zu fragen, bis wir uns ganz und gar durchdrungen haben – dies stets zum eigenen wie zum Wohle der gesamten Menschheit.

Die persönliche Erfüllung ist untrennbar mit dem Weltgeschehen verbunden.

Fügen wir uns selbst Gewalt zu, indem wir etwas sein wollen, was wir nicht sind, etwas tun, was wir nicht tun wollen, und indem wir unsere innersten Werte verraten, tragen wir zum Unfrieden der Welt bei. Jeder Einzelne von uns. Ohne Ausnahme. Folgen wir Dogmen, Regeln und Führern, die uns Freiheit oder das Paradies versprechen, rennen wir wie Esel einer unerreichbaren Mohrrübe hinterher. Das ist kein Leben, das ist der Tod unseres Selbst.

Kein Vorbild, kein Guru, kein religiöser oder politischer Führer ist in der Lage, uns zu sagen, was für uns stimmig und angemessen ist. Wir dürfen die Antworten auf unsere Fragen in uns selbst finden. Im Raum der Stille. Unter der Oberfläche des bewussten Denkens, unter den Schichten scheinbarer Moral und Vernunft, von Gut und Böse, Richtig und Falsch, Licht und Schatten. Haben wir sie gefunden, liegt es an uns, diese Antworten mit Leben zu erfüllen.

Es bringt Unglück in unser persönliches Leben wie in das gesamte Weltgeschehen, wenn wir den tieferen, noch unbekannten Schichten unseres Bewusstseins keine Aufmerksamkeit schenken. Entdecken wir jedoch, dass es von unserem seelischen Gleichgewicht abhängt, wie wir die Welt wahrnehmen, erkennen wir, dass die äußere Welt unsere innere Welt spiegelt – und umgekehrt. Kein Täter, kein Opfer wird mehr benötigt, um unseren eigenen Seelenschmerz zu mildern. Kein Mensch, kein Lebewesen muss mehr als Sündenbock für unsere nicht gelebten, unbewussten Verletzungen, Enttäuschungen und Bedürfnisse verantwortlich gemacht werden oder gar sterben. Jeder Krieg, angezettelt aus Angst, Macht, Hass und Gier, ist beendet, sobald wir erkennen, dass das äußere Geschehen nicht nur dem entspricht, was wir wahrnehmen, sondern dass die Geschehnisse zeitgleich auch Schöpfungen unbewusster, tieferer Schichten unserer Seele sind. Dieses Erkennen kann einzig zu dem Schluss führen, dass jede Missachtung der eigenen inneren Welt zur Missachtung in der äußeren Welt führt und sich in persönlichen Kleinkriegen und weltlichen Kriegen zeigt – die höchste Form der Missachtung allen Lebens.

Gewalt gegen uns selbst und andere führt niemals zum Erfolg.

Einzig Unterdrückung, aus Angst geborener Hass, Neid und Missgunst sind Früchte, die am Baum der Gewalt gedeihen – immer wieder neu, genährt aus den Kämpfen der Vergangenheit. Jeder Kampf im Außen ist ein Kampf in unserem Inneren und umgekehrt. Werden wir uns dessen bewusst und dienen wir uns und der Welt, indem wir unser persönliches Leben mit Frieden, Freiheit, Glück und Erfüllung lebendig entfalten! Das ist nicht egoistisch. Niemandem ist damit gedient, wenn wir hadern, jammern, urteilen, uns sorgen und Gewalt antun. Doch wenn wir wahrhaftig glücklich sind, ist unser höchstes Ziel das Glück aller Lebewesen. Und es ist aus meiner bescheidenen Sicht der einzige Weg, eine freie, grenzenlose und friedliche Welt zu verwirklichen. Alles andere hat, wie die Geschichte zeigt, weder zur Freiheit noch zum Frieden geführt.

Leben ist wertvoll und kostbar.

Jedes Leben. Auch deines. Du hast mehr Einfluss, als es den Anschein hat, und du hast einen inneren Sensor, eine innere Stimme, die dich leitet. Folge ihr. Heile dich selbst, schenke dir Frieden, Freiheit und Erfüllung. Übernimm Verantwortung für dich und dein Leben. Bedingungslos. Und das Rad des Schicksals wird sich wenden.

Wandelt sich die Welt ins Ich, beginnt ein neuer Tag.
Für uns alle.

In stiller Liebe,
Silke

Es ist Zeit, endlich aufzuwachen,
ein Feuer des Mitgefühls zu entfachen.

Es ist mehr als genug für uns alle da,
alles andere ist eine Lüge, war niemals wahr.

Grenzen gesetzt aus Angst, Macht und Gier,
Zeit, sie zu sprengen – jetzt und hier.

Lass statt Angst die Liebe regieren,
Freiheit kann nur in Liebe existieren.

Frei, kraftvoll und unzähmbar wird sie sich zeigen,
bricht jedes noch so undurchdringliche Schweigen.

Verstand entwirrt, ein Feuer entfacht,
eine Revolution der Liebe – jetzt sind wir wach.

Danke

Jeder Mensch, dem wir begegnen, kann uns in seinem besonderen und einzigartigen Ausdruck als Lehrer dienen, wenn wir bereit sind, unsere Augen, Ohren und vor allem Herzen zu öffnen. Einigen meiner Lehrer spreche ich hier aus tiefstem Herzen meinen Dank aus.

Meinem Vater, der mich lehrte, das Leben mit Humor zu betrachten, und der mir stets die Freiheit schenkt, mich auszuprobieren, zu erforschen und zu wachsen.

Meiner Mutter, die mich lehrte, dass unter dem tiefsten Schmerz stets Liebe wartet.

Meinen Kindern, Sammy und Pascal, die mich lehrten, was es bedeutet, wahrhaftig und bedingungslos zu lieben.

Meinem Mann Joe, der mich lehrte, dass Freiheit und Bindung sich erfüllend verbinden.

Meiner Schwiegermutter Erika, die mich lehrte, dass das Jungsein am Alter nicht scheitert.

Konni, die mich lehrte, dass Freundschaft Erkennen, Sein und Wachstum bedeutet.

Meiner Verlegerin Cornelia, die mich lehrte, zwischen den Zeilen zu schreiben und dem Prozess des Schreibens zu vertrauen.

Thomas, dem Vater von Pascal, der mich lehrte, dass das Elternsein alles überwindet und auf ewig verbunden hält.

Vera, die mich lehrte, dass Worte erst fallen, wenn die Zeit reif ist.

Eva, die mich lehrte, dass Hilfe anzunehmen eine Stärke ist.

Sweet Emma, die mich mit ihrer kindlichen Freude und Neugier daran erinnert, wie einfach das Leben ist, und die mein Herz zum Blubbern und meine Seele zum Leuchten bringt.

Ich danke meiner Schwester Kicki, meinem Neffen Manuel, meinen Freundinnen Jacky, Andrea und Bille. Ihr habt mich gelehrt, wie wertvoll das Leben ist.

Und ich danke dir. Du lehrst mich, dass jedes geschriebene Wort einen Menschen erreicht.

Es waren weit mehr Lehrer, die mir im bisherigen Verlauf meines Lebens begegneten und mich Wesentliches lehrten. Euch alle zu benennen würde ein weiteres Buch füllen. Doch sei dir gewiss, dass auch unsere Begegnung ein Segen für mich war.

GLÜCKLICHSEIN IST EINE WAHL

Turbobeschleuniger für dein Glück

Glücklichsein ist eine Wahl. Das ist die Botschaft von Silke und sie klingt verlockend, nicht wahr? Doch, geht das wirklich? Was bedeutet es, wirklich glücklich zu sein? Was bedeutet es für dich? Ist Glück wirklich wählbar? Und wenn ja: Wie mache ich das? Was braucht es dazu?

Diese und mehr Fragen beantwortet Silke herzerfrischend authentisch in ihren Büchern, Vorträgen und Seminaren. Ihre sprudelnde Lebensfreude begeistert und macht Mut.

Mut, eine neue, frische Wahl für sich und sein Leben zu treffen.

Mehr Info zu Silke unter:

www.silkenaunbates.com

Vita

Silke Naun-Bates erblickte 1967 in Westfalen das Licht der Welt. Im Alter von acht Jahren wurden Silke, nach einem Unfall, beide Beine zur Erhaltung ihres Lebens amputiert. Den beteiligten Ärzten und ihrem Umfeld war klar: Ein Leben als Frau, Partnerin, geschweige denn Mutter wird für Silke unmöglich sein. An Beruf und Arbeit hat damals keiner gedacht. Es war klar, dass Silke stets auf Hilfe und Unterstützung anderer Menschen angewiesen sein würde.

Heute blickt Silke dankbar schmunzelnd zurück auf die Begrenztheit der damaligen Überzeugungen, welche sie verführten, das Gegenteil zu beweisen.

Silke lebt und liebt gemeinsam mit ihrem Mann im Neckar-Odenwald-Kreis. Ihre zwei Kinder Samantha und Pascal sind bereits erwachsen.

Bestseller

Als Silke ihren kleinen Hund vor dem Überfahrenwerden retten wollte, rutschte sie aus und blieb mit aufgeschlagenen Knien auf den Bahngleisen liegen … Sie ist acht Jahre alt. Wochen später erwacht sie in einer Klinik und weiß, dass ihrem Körper wesentliche Teile fehlen: Beide Beine wurden nach dem Unfall zur Erhaltung ihres Lebens amputiert.

Allen Beteiligten war damals klar: Silke gehört ab jetzt in die Schublade »körperbehindertes Neutrum«. Ein Leben als Frau, Partnerin, geschweige denn Mutter wird für sie unmöglich sein, an Beruf und Arbeit gar nicht zu denken. Sie würde stets auf Hilfe und Unterstützung anderer Menschen angewiesen sein.

Heute blickt Silke Naun-Bates dankbar zurück auf die Begrenztheit der damaligen Überzeugungen, denn diese verführten sie dazu, das Gegenteil zu beweisen.

In der vorliegenden autobiografischen Erzählung erfahren wir, wie sie zu dieser strahlenden Frau heranreifte, die sie heute ist: berufstätige Mutter, Frau, Geliebte, glücklich und frei.

> *»Mein tiefer Wunsch ist es, dass jeder Mensch erkennt, dass wir freie Wesen sind mit dem Geburtsrecht, glücklich zu sein – vollkommen unabhängig von unserer Herkunft, unserem Glauben, unseren Konditionierungen und Erlebnissen der Vergangenheit.« (Silke Naun-Bates)*

Silke Naun-Bates, Mein Weg in die Freiheit, 200 Seiten,
ISBN 978-3-931560-45-4

Besuchen Sie unsere Homepage,
dort finden Sie weitere Bücher und CDs.
Wir freuen uns auf Sie!

www.sheema-verlag.de

KONTAKT

Sheema Medien Verlag
Bücher. Aus Liebe.

Hirnsbergerstr. 52
D - 83093 Antwort

Tel.: 08053 - 7992952
Fax: 08053 - 7992953

E-Mail: info@sheema.de
http://www.sheema-verlag.de

SHEEMA

MÖGEN ALLE WESEN GLÜCKLICH SEIN